# 字里行间的商业秘密

## ——软文营销（升级案例版）

严刚 著

清华大学出版社

北京

图书在版编目(CIP)数据

字里行间的商业秘密：软文营销(升级案例版) / 严刚　著.—北京：清华大学出版社，2014（2015.9 重印）
ISBN 978-7-302-35544-1

Ⅰ.①字…　Ⅱ.①严…　Ⅲ.①网络营销　Ⅳ.①F713.36

中国版本图书馆 CIP 数据核字(2014)第 034938 号

责任编辑：张　颖　胡雁翎
封面设计：周晓亮
版式设计：牛静敏
责任校对：邱晓玉
责任印制：杨　艳

出版发行：清华大学出版社
　　　　网　　　址：http://www.tup.com.cn，http://www.wqbook.com
　　　　地　　　址：北京清华大学学研大厦 A 座　　　邮　　编：100084
　　　　社 总 机：010-62770175　　　　　　　　　邮　　购：010-62786544
　　　　投稿与读者服务：010-62776969，c-service@tup.tsinghua.edu.cn
　　　　质 量 反 馈：010-62772015，zhiliang@tup.tsinghua.edu.cn
印 刷 者：清华大学印刷厂
装 订 者：三河市新茂装订有限公司
经　　销：全国新华书店
开　　本：180mm×250mm　　　印　张：11.5　　　字　数：266 千字
版　　次：2014 年 5 月第 1 版　　　　　　　　印　次：2015 年 9 月第 3 次印刷
印　　数：5001～6500
定　　价：35.00 元

产品编号：055836-01

# 倾 情 推 荐

市面上不乏网络整合营销、网络营销的系列图书，作者们都希望罗列出所有的网络营销手段。这样的书有了广度，但缺乏深度。我偏爱垂直、专注、紧扣小而美的话题。严刚的《字里行间的商业秘密——软文营销（升级案例版）》就紧扣内容营销，从软文营销的角度解析网络营销。当下的网络营销关注的不是推广更多的广告，应转而思考如何为互联网提供价值、提供乐趣。软文营销是一把锋利的营销兵器，有德、有才的人方可驾驭得当，推荐阅读本书。

——唐兴通，网络营销专家，著有《社会化媒体营销大趋势》。

网络对人们生活方式的影响正越发深远，网络营销也已经被越来越多的公司重视和采用。然而，网络营销的竞争日益激烈已是一个不争的事实，故而，一个新兴的产业或者创业类公司要想迅速打开市场或者在一个细分市场取得一席之地，软文营销是上佳的选择。严刚的著作诞生得非常及时，给那些刚刚创业的小型公司指明了方向。该著作内容翔实、逻辑清晰、实战性强，读后使人豁然开朗，因此隆重推荐本书！

——周贵银，上海新资源证券咨询有限公司董事、总经理、"上证·巴菲特研究会"秘书长、山东财经大学金融学院硕士生导师。

"以柔克刚、攻心至上"，在媒体环境巨变的当下，老友严刚将文体与网络营销新趋势相融，行文平实易懂，操作性强，值得一读。

——韩培斌，上海通路快建网络服务外包有限公司新媒体营销总监。

如今，已是软文营销的时代。早在香港某国际医疗集团担任新闻总监时，就关注过严刚先生的《字里行间的商业秘密——软文营销》。后得以与严刚先生深度交流，不禁惊奇地发现，严先生传播的不但是一种软文营销的艺术，而且强调了作为国人的撰写责任。软文—道德—责任—爱—禅以及 SEO 等，若你能将其结合在一起并巧妙整合，那么你就是软文营销的大师！

——孙锁成，中国某医疗集团医院企划网络营销 CEO、青年作家。

软文的最高境界：随风潜入夜，润物细无声。

欣闻严刚兄《字里行间的商业秘密——软文营销（升级案例版）》一书即将面市，"以最少的资金投入，达到最大的营销效益"是所有营销人员追求的至高境界。软文作为营销的一种手段，已成为企业进行低成本营销的首选。软文，重在一个"软"字。用讲故事的方式来写软文，让消费者读起来不生硬、不反感。作为一个圈子文化的研究者，我比较关注圈子营销过程中的领袖意见。只有找到引爆点，才能在最短的时间内达到最好的效果。

——张何，北京高鹏天下文化传媒有限公司首席执行官、中国第一家股东制跨界俱乐部高鹏会创办人。

经过三十多年的"野蛮生长"，中国企业已经形成了庞大的数量群。企业的持续发展依赖于我们自身创建的新生态环境所构建的新社会文明。《字里行间的商业秘密——软文营销（升级案例版）》立足日益成熟的互联网环境，从营销的实践出发，以消费者的感受和体验为核心，突破"情感、情绪、情欲"三情营销的局限，从社会营销的角度，帮助企业打造品牌共识力、管控力、规划力、感召力、责任力！这份立意和思考值得每一位企业家、营销人员深入其中究其根本、拓其疆域。

——谢乐天，无锡高登管理咨询有限公司总经理。

大家都在找销售！

市场竞争日益激烈，产品不好卖。同样是 100 万元的营销投入，现在只能吸引原先三分之一的客户。于是，抢占市场成了大家心头的痛，销售策略成为香饽饽——固定投入少，销售业绩高，巧妙的销售模式成为公司推销产品完美的解决方案。

市场营销不是不灵了，而是传统、僵化、老套的市场营销失效了！新一代的大众传播工具、方式的转变，造就了不一样的消费网群体。

做好软营销才是王道！很认同严刚在《字里行间的商业秘密——软文营销（升级案例版）》中的观点，也强烈向大家推荐本书。这本书为我解决了很多困惑，想必也能给你带来更多的启发。

——宋达，昂立教育留学中心副总经理。

早在 2008 年的时候严刚先生就在网络推广领域有了很高的知名度，后多次拜读严刚先生的《字里行间的商业秘密（软文营销）》深受启发，网络如今已成为大众获取信息的平台，文字成为这个平台的载体，字里行间的秘密值得我们学习和探讨。

周双强，意大利奥纯麦芮膜技术（上海）有限公司营销总监。

# 推　荐　序

　　软（文）营销起源于三株，发展于太阳神，至于软（文）营销的巅峰之作则是脑白金！时至今日，我们处处忍受着软（文）营销的狂轰滥炸。打开计算机，QQ头像不断地闪烁，要么是朋友间的闲聊，要么是一则小广告（也称为低级的软文营销）；刷刷微博，要么是被@，要么是被私信，无论你愿意与否，你总是被动地接受着某些你不愿意接受的信息或广告营销，我们对于这些行为总是感到相当的无奈！

　　当年一句"贾君鹏，你妈妈喊你回家吃饭！"火遍了全中国，瞬间一些网友在网络上传递着"张君鹏、李君鹏，你妈妈喊你回家吃饭、洗衣服！"之类的娱乐恶搞，这种调侃、娱乐还算不上软（文）营销，我们姑且称之为网友的恶搞，对此一笑了之，便忘记于历史的长河之中。但是近些年来，一些软（文）营销总是传递着与历史、常理、道德相违背的内容或事实，这些原始发起者利用广大网民朋友的热心、善心、良心做着不可原谅的事情，他们要么泄一己之愤，要么进行着某种见不得光的赢利活动！如2012年网上流传的：

　　"中国人拍的《金陵十三钗》在小鬼子的票房为零。小日本拍的《贞子》3D版将于5月12日在中国内地上映。而5月12日既是南京大屠杀纪念日，又是国难日。勿忘国耻！作为中国人，让《贞子》3D版的票房为零。朋友们，拿起你的鼠标，复制后粘贴一下，转起转起！"

　　我们姑且认为原始发起这段网络传言的朋友是出于爱国热情，号召中国的网民朋友在中日钓鱼岛争端白热化的情况下，进行爱国宣传。这种爱国之情，我们要倡导，但是南京大屠杀是5月12日吗？不是！是1937年12月13日，这种混淆历史常识的网络宣传，我们要严正对待，以免误导了我们的下一代！

　　在芦山地震发生后不久，QQ、微博、微信、邮箱里就流传着：

　　"芦山×镇××女孩，因在地震中受伤，父母在广东打工，现急需花一大笔钱治疗费，望热心的朋友传递爱的力量，捐款账户：××××××××××，电话：××××××。"

　　这个信息瞬间就在网络上传播开了，最终核实此账户是一个诈骗账户，此电话是一个收费电话，凡是打此电话者均按长途收费！他们利用了网民朋友的热心、善良、爱心做违法的事情，我们要强烈谴责他们的违法行为，并应诉诸法律！

我们倡导言论自由，但是拒绝不负责任的虚假言论；我们支持软文营销，但是拒绝不负责任的恶意广告；我们倡导传递正能量，但是拒绝危害社会的负能量！

正如严刚所著的《字里行间的商业秘密——软文营销（升级案例版）》一书一样，作为软（文）营销的发起者与推动者，我们今后在进行软（文）营销时既要注重软（文）营销的效果，又要对客户、消费者和社会负责！

因文笔所限，此序言难免有疏漏之处，还请广大读者与严刚君见谅！

深圳市南方略营销管理咨询有限公司董事长 刘祖轲

2014 年 4 月

# 软（文）营销的责任

这已经不再是一个"人微言轻"的时代了，任何一个个体都有翻动长江、兴起大浪的可能。

遥想当年"贾君鹏，你妈妈叫你回家吃饭！"，仅仅是这样一句话，顷刻间，在百度贴吧如暴风雨一般引来数百万的点击。截至 2013 年 6 月底，据 CNNIC 官网测算，中国网民数量已经达到了 5.91 亿人，互联网普及率为 43.1%。与此同时，微信的用户数竟然在短短两年多的时间达到了 4 亿人；近期易信又从天而降，还多了一个"来往"！

微信无疑是一个划时代的产品，引无数人为之激动。科技的高速发展必然带动商业模式的快速变革，但是我们的心智模式呢？张朝阳先生在接受杨澜女士采访时说："我有钱也有权，但是我居然那么痛苦！"美国影星凯瑟琳·泽塔琼斯两度入院治疗忧郁症。

这几年，从地沟油到毒豇豆，从瘦肉精到牛肉膏，从膨化剂到用硫磺熏过的姜，从染色馒头到回锅面包，从漂白豆芽到香精包子，从假蜂蜜到含菌水饺；从大米中我们认识了石蜡，从火腿肠中我们认识了敌敌畏，从咸鸭蛋与辣椒酱中我们认识了苏丹红，从火锅中我们认识了福尔马林，从木耳中我们认识了硫酸铜，从奶粉中我们认识了三聚氰胺。

你或许也读过下面的内容：

长春一名 20 岁女服务员工作于重庆路时代小镇的李宁店，于十几天前去世。该女觉得身体不适，去医院看病，医生看完 X 光片后大惊。据说该女五脏六腑和皮肤下面全都是细菌虫，肝脏被侵蚀得只剩下一点点。医生直接通知她准备后事。致病原因是该女子常年吃麻辣烫和米线，医生说这两种食品中细菌严重超标，且作料经过加工后也极易增长细菌，与店面的卫生程度无关。请爱吃这两种食品的朋友以后少吃或不吃。

事件起源：来自于一条 QQ 信息，是一名经营其他类型小吃的饭馆老板为了生意竞争而编造的。

事件影响：传言波及国内其他城市。

医学专家：没有"细菌虫"的说法，"致死"原因无科学依据。

律师态度：制造谣言的人涉嫌触犯了散布虚假恐怖信息罪。受此影响的商家在证据充足的情况下可以向谣言制造者索赔。

注意：这个 2007 年时的谣言，至今依然在传播！

不得不问的是为什么一个地方谣言会波及整个国家？为什么已经过去六七年的谣言至今还在传播？为什么新闻媒体已经确认这是"谣言"，还有那么多人在传播？你有没有确认过这件事的"真伪"？你是不是在不经意间也来了个复制→粘贴→转发呢？你考虑过此事所造成的"影响"吗？

某日，我去一家公司，见其公司经理刚好转发了一条微信。由于我与该经理是微信好友的关系，我打开来一看，上面写着："紧急通知！肯德基养殖基地已经发现有人被感染了 H7N9，要告别 KFC 了！转给朋友圈，通知下没看电视的家人！"

我赶忙问道："这个事情是真的还是假的？"

对方回答："我也不知道！"

听后我狂汗！

你或许还阅读过下面的内容：

每当地震的时候，总有一篇帖子提到"生命三角"，这个自称为专家的人其实是被美国政府起诉的人。这个叫 Copp 的家伙利用网络传播的"地震生命三角求生法"是他在美国学术界激起的最大骚动之一。在我国 2008 年的汶川地震以及 2013 年的芦山地震中，这个"生命三角"依然在网络上持续地传播着，那些传播者是否想过："这到底是能救人还是会害人？"

在影片《寻枪》中有如下一段对白。

局长："你的枪里面有几颗子弹？"

姜文："3 颗子弹。"

局长："3 颗子弹？要是一般人，1 枪 1 个就是 3 条人命；换成职业杀手，1 枪两个就是 6 条人命……6 条人命啊！"

如果"谣言"是一颗子弹，而你正好又是"意见领袖"，你现在的微博粉丝数又有 10 万人，相当于一份区域性的报刊。此刻，10 万粉丝全部站着，而你只是复制粘贴转发了一下，结果仅 1 秒钟的时间，10 万粉丝就全部倒下了。这个比澳大利亚发明的"金属风暴"武器系统在 60 秒 36 个枪管发射一百多万发子弹的新式武器可要厉害得多。最厉害的莫过于"谣言"发布以后，粉丝们还要进行转发。假设有 1 万粉丝参与了转发，平均每个粉丝的粉丝数量仅仅有 1000 人，即 10 000 000 次！而这 1000 个粉丝当中自然还会有人再转发，在此我们就忽略不计了。当然我们也只是假设性的进行统计。

谣言一般是指负能量，那如果是正能量的信息，我们要不要转发呢？

笔者曾经转发过下面的内容。

澳大利亚著名华人慈善家魏基成在中国寻找需要助听器的孩子，魏基成计划在全国捐助 100 000 个助听器。他希望有志愿者能够帮助他将这批助听器派发出去，需求者也可直接给他写信联系。魏基成的电子邮箱是 abc2222@abctissue.com。

之所以转发此信息，第一，该信息是来自于新华社国际新闻即时播报官方微博"新国际"；第二，很多权威媒体也争相报道了此事；第三，网络上已经有中国聋哑协会的负责人公开接洽此事。

即便从事公益营销（在我看来也是软营销的范畴），即便如陈光标那样高调，只要确确实实是为大家谋福利的，身为"微客"的我们，适度支持一下也不为过。

如今整个营销界过多地围绕"三情"在营销，即情感营销、情绪营销、情欲营销。人是有感情的动物，谈情说爱本无可厚非；只是现在的问题是"太过泛滥"，尤其是对"负面情绪的煽动"以及"情欲色诱的放纵"。你会发现，我们的视频网站上的截图多半是以"色诱"为主！新闻网页打开来就两道菜：不是色情就是暴力！你放心把自己的孩子交给色鬼与暴力狂抚养吗？

还好近日有新闻报道：相关网络推手公司，因虚假新闻炒作事件而被刑事拘留。

对于我们软（文）营销而言，无论是图文形式的还是影音题材的内容，如果我们要做"三情"营销，但愿是如泰国的保险广告《无声的爱》；但愿少一点"兽兽门"事件、"干露露"事件。

对于情欲营销，不要再搞了，我们中国人口还少吗？

对于情绪营销，还是少一点好，小心引火上身。

对于情感营销，可以多一点温情，多一点真情，多一点纯粹的人文之情。

网络上流传着来自美国兰德公司的一份报告，开头如下：

中国人不了解他们作为社会个体应该对国家和社会所承担的责任和义务。普通中国人通常只关心他们的家庭和亲属，中国的文化是建立在家族血缘关系上，而不是建立在一个理性的社会基础之上。中国人只在乎他们直系亲属的福祉，对与自己毫不相关的人所遭受的苦难则视而不见。毫无疑问，这种以血缘关系为基础的道德观势必导致自私与冷酷，这已经成为阻碍中国社会向前发展最关键的因素。

读完后是不是有点沉重？

互联网的出现推动了社会营销功能的实现！

现在我们的大多数企业营销只管利润，只顾销售，不管其营销活动带给整个社会环境以及自然环境的影响。

《营销的力量》作者约翰·A. 奎尔奇认为：营销发挥着重要的作用，并以民主的方式发挥其社会功能。美国人正在通过《营销的力量》一书进一步推动其国家民主的深化改革，那么我们又该如何做呢？

针对当前的社会状况，笔者认为我们营销人应该承担起以下责任：

第一，承担起对客户的责任，也就是营销效果。要有效果也要有效应。对销售谈效果，对品牌言效应。

第二，对消费者的责任。保证产品及服务品质；兑现对消费者的承诺；聆听消费者的声音，提供有价值的营销活动；说到底，对消费者负责就是对自己的生意、对自己的品牌负责。

第三，对公众的责任。公众决定了品牌的高度，甚至可以决定品牌的生死。

第四，对员工的责任。没有员工，企业王国何在？

而我所谓的软（文）营销的责任正是如此。

软（文）营销首先是由内而外的营销，内部营销是起点，通过软（文）营销提升企业软实力，主要包括共识力、管控力、原动力、规划力、感召力、执行力。提升软实力即提升品牌力，提升品牌力即提升销售力。现在有很多企业内部有首席环境官、首席内容官、社会责任总监等新的岗位。这些不就是在做提升软实力的工作吗？

尤其是首席内容官的工作，网络营销的根本就是"内容营销"。

如微博营销、论坛营销、新闻营销、口碑营销等，但凡建立在互联网营销环境中的，以网络平台为主的营销模式都离不开"内容营销"。其形式包括文字、图片、视频与音频。无论是"硬广告"还是"软宣传"都是名相。但事实表明，内容营销之主体即软（文）营销。

如今，由于人们获得信息的便捷性，消费者更加渴望他所关注的品牌能给社会带来正能量。随着社会化媒体的深入，企业的社会营销必将成为重头戏！而社会营销的根本就是软（文）营销，其理论基础就是菲利普·科特勒的《营销革命3.0》，在营销3.0时代，也就是以价值驱动营销的过程当中，企业的利润与企业社会责任是息息相关的。

本书是中国第一本软文营销专著，所以动笔的时候实难入手，好在有十多年的营销经验作为基础，同时通过网络以及实战项目的总结，将理论与实践融合到一起。诚然，第1版比较粗糙；第2版也是用了9个月的时间才写好的。原先出版社要求增加100个案例，后来还是作罢了，因为本书不是为了大卖而出，更不是为了迎合广大读者的需求而出，而是为了借助营销的力量来推动人类心灵的觉醒，但首先应当觉醒的就是我们的营销人，所以我写了这本书，我也会建设整个"软（文）营销"体系。因为营销不仅仅是用来赚钱的，营销是可以实现全人类共同福祉的。营销可以满足人类的贪欲也同样可以激发人心的善意。当消费者逐渐强大之后，营销者不再是把控全局而是与消费者共同商议，实现营销结果的共赢。

在本书中，软文营销是软营销的一个大类，如果仅仅是谈软文营销的责任似乎有些片面；但如果直接谈软营销的责任似乎又有点偏离本书的主题，所以以"软（文）营销的责任"为题目作为本书升级案例版的序言。

在本书中笔者对软文、软文营销、软营销都有明确的定义，以供大家参考。

另外我们准备了一个微信公众号：vipbrand，以方便大家相互交流。

严　刚

2014年4月

# 目　录

# 第一章

# 如何理解软文营销

天下之至柔，驰骋于天下之至坚。

——《道德经》

在茫茫的大海上，从高空俯视，一团团如棉的水母在蔚蓝色的海洋里漂浮着，它们是无脊椎大型浮游生物，寿命仅有几个星期，与小牧鱼结伴为生，羡煞旁人的是水母一般过着三世同堂的群居生活，戏称为"漂流一族"，它们在地球上大约已经生活了 6.5 亿年之久，其生命力之强令人佩服。

软文如同水母，在网海上漂游是其人生的旅途，从出生的那天开始，它注定是要流浪的，并且一定要带上"小牧鱼"，否则游向远方还有什么意义呢？"软文"的小牧鱼就是隐含在文章中的某种动机，无论是直接的销售意图还是注入的营销意识。

□董天策博士在他的《新闻·公关·广告之互动研究》一书中介绍了软文比较普遍的说法，即企业通过策划，在报纸、杂志或网络媒体上刊登的可以提升企业品牌形象和知名度，促进企业营销的一系列宣传性、阐述性文章，包括特定的新闻报道、深度文章、付费短文广告、案例分析等，"软文"因此又被称为广告文学。

□网络上也有人认为：软文是基于特定产品的概念诉求与问题分析，对消费者进行针对性心理引导的一种文字模式，从本质上来说，它是企业软性渗透的商业策略在广告形式中的实现，通常借助文字表达与舆论传播使消费者认同某种概念、观点和分析思路，从而达到企业品牌宣传、产品销售的目的。

□在普通高等教育"十一五"国家级规划教材《网络营销》一书中提到"软营销"的概念：软营销是网络营销中有关消费者心理学的另一个理论基础，它是针对工业经济时代的以大规模生产为主要特征的"强式营销"提出的新理论。该理论强调企业在市场营销时，必须尊重消费者的感受和体验，让其能舒适地主动接受企业的营销活动。该理论基础的产生是源自网络本身的特点和消费者个性化需求的回归。

□由石章强与周攀峰两位老师撰写的《软传播·打造品牌强寿力》一书中，提出"软传播"的概念，软传播即是倡导从消费者和受众的立场出发，以渗透式、互动式和分享式的视角入手，注重挖掘品牌的思想、观点、方法和情感，以非硬性、非强制、非知觉的方式潜入消费者和公众的头脑，进而长期影响消费者的心智。

□另外值得一提的是约瑟夫·S.奈提出的"软实力"理论。他将"软实力"概括为影响力，即"软实力"是一种能够影响他人喜好的能力；同时他也将"软实力"解释为"吸引力"，即"软实力"是通过吸引的手段而不是用强迫或收买的手段达到自己所期望的能力；他还明确将"软实力"称为"同化力"，他认为同化性力量是一种能力，根据这一能力，一个国家可以创造出一种环境，使其他国家模仿该国的发展方式，确定自己的利益。

2011年，中国首部国家形象片《中国形象闪耀"世界的十字路口"》在美国纽约时代广场的成功亮相，就是我国综合软实力的展示，把一代真实的中国人，一个真实的中国展示给美国的公众。

无论是软营销、软传播抑或是软实力，似乎时代的发展趋势都聚焦在了"软"字上。这正如当年小小的"微软"逐步地吞噬了"大象IBM"，使之发展至今一样。

□笔者认为所谓软文就是带有某种商业动机的文体；而软文营销则是个人和群体通过撰写软文，实现动机，直接或间接达成交换或交易目的的营销方式。如果从软广告的角度来看，可以相对于硬广告而言。

□笔者认为仅"可以"相对于硬广告而言，但不能理解为"相对于"硬广告。

众所周知，硬广告是一种纯粹的广告，直接的广而告知；而在软文中，如销售信函、广告文案、招商宣传等，仅是带有"硬广告"性质的"软文"。

□所谓的商业动机是指有利于直接或间接达成交换或交易目的的行为。也就是说，它可以是在文章中嵌入某个关键词、网址、图片以及其他符号；也可以是一篇直接推荐产品的销售信函或对某个产品的使用体验；还可以是一张具有转化功能的网页——这个网页的内容可以是文案、故事，可以是招商说明，还可以是单纯的产品说明书。日本人很聪明，竟然靠1张A4纸大小的问卷来提升销售力，从网页的角度来说，依然是转化页面的设计。

这里请不要忘记，网页可以是网站的页面，可以是论坛上的页面，也可以是博客的页面，还可以是邮件的页面。

所以如果我们仅仅把"软文"设定为隐藏某种信息的话，那软文营销是很难发展起来的。

□且看文章的力量——

秦朝年间，秦始皇一张口便下逐客令，风起云涌。然而李斯的一篇《谏逐客书》，不但挽救了自己还挽救了当时在秦的所有客卿。李斯凭此一文竟然说服了秦始皇收回成命，还官复原职，叹其文章的力量。

西汉时期，一贫如洗的司马相如，以《凤求凰》一文而抱得美人归。卓文君太爱司马相如的文章了，"裸婚"又何妨？

唐朝大诗人杜牧写的《清明》：清明时节雨纷纷，路上行人欲断魂。借问酒家何处有？牧童遥指杏花村。以及李白的《客中作》：兰陵美酒郁金香，玉碗盛来琥珀光。但使主人能醉客，不知何处是他乡。两位大诗人可谓"名人推手"，无论是杏花村酒还是兰陵美酒，至今均已有了千年的历史。

再来看看近几年的事：

2008 年"三聚氰胺事件"后，牛根生的一封"万言书"即《牛根生致中国企业家俱乐部理事及长江商学院同学的一封信》，使得马云、柳传志、俞洪敏等人纷纷出钱解围。

同样在 2008 年的 9 月 6 日，一位股票研究员在谷歌搜索框中输入"2008，倒闭"这两个关键词，排在首位的是一份隶属美国论坛公司的报纸刊登的关于"美联航申请破产保护的消息"。但这位研究员并不知道，此事早已经在公元 2002 年就已经公告了，作为 6 年前美联航的一次重组。之后，研究员向彭博新闻社转发了这条消息：美联航申请破产以消减开支。

结果几分钟后，这条过期的信息导致美联航的股票价格从每股 12 美元暴跌至 3 美元，造成纳斯达克不得不在上午 11:07 停止交易。

随后，在美联航发表声明的 1 小时后，其股票获准再次交易，最终美联航收盘价格为 10.92 美元，下跌 11 个百分点，导致公司损失数亿美元。

可见诸如美联航这般的上市公司必须要重视起搜索引擎的信息反馈。

被称为行销之神的杰·亚布拉汗说："我只需为我的客户写两封信函，其收入是 50 000 美元。"

据说，中国台湾的著名女作家文案天后李欣频一篇文案的价格也很高。

这就是文章的力量，虽然文体各异但价值不菲。

可惜现在大家对软文的价值认识不深，威客平台上出价都少得可怜，20 元、50 元一篇的软文会有什么样的创意呢？由于这种随意堆砌的文章认识肤浅、炒作频繁、创意无趣，越来越多的网民开始反感甚至反对这种营销形式，而越来越多的企业，如网店等倒是越来越积极起来。

□目前个人主要以站长为代表，群体则包括了企业、工作室、网店等。实际上，专业人士如作家、保险顾问、律师、设计师、营养师、投资理财顾问、发型师、培训师等完全可以通过软文（博客）的形式，不断推广自己的专业服务。

□我深信随着媒体的发展，软文的价值将进一步被提高。

软文营销正以其成本低、传播广、功效快等特点，被越来越多的企业所重视。套用《道德经》中的"上善若水"一文可得：

软文如水，水善利万物而不争；

居善地即互联网；

言善信即多说适当的话来获取他人的信任，尤其是潜在的顾客；

事善能即大中小企业都能操作，发挥其所长；

动善时即随时随地，见机行事。

从保健品行业到房地产业再到 IT 领域，可以说软文营销在不销而销中提高企业的业绩；在不战而战中打击对手；在不救而救中解除企业危机；在不建而建中创立品牌。

据说海尔每周要发布 1600 篇文章；联想每月定期发布 50 万字；思科每周要发布 300 篇文章。

大公司大财团往往会通过公司的公关部门，有规划的把一篇篇软文通过报纸、杂志和网络媒体等有效平台，有步骤、有策略地投放和发布软文。大企业都要这样做，何况是我们中小企业呢？

我想软文营销是值得我们所有企业投入的一种营销模式，尤其是网络软文，你看我国的网民数量已达到了 5.91 亿人，手机上网的用户也已经达到了 4.64 亿人，这将意味着什么呢？

笔者认为软文可以是一本书，如当年史玉柱先生的《席卷全球》；可以是一篇文章；可以是一段文字；甚至可以是一句话。

正如当年流传的："贾君鹏，你妈妈叫你回家吃饭啦！"

假使贾君鹏事件中的这句话改成"贾君鹏，不要玩××了，你妈妈叫你回家吃饭啦！"请问："它又会带来多大的影响力呢？"

□传统软文一般是以报纸、杂志、书籍、海报及直接邮寄广告为主，而网络软文主要是以网页的形式存在，如网站网页、博客博文、论坛发帖，但是它又不局限于网页；软文可以通过 QQ 或 MSN 的对话框加以传播，还可以通过 E-mail、评语、留言、签名、回帖/回复/回答、手机短信、图片内的水印、电子书、PDF、 PPT 等来表现。

传统的软文仅限于文章或图文并茂的形式来加以静态地宣传，但互联网的出现却大大丰富了软文的表现形式和传播途径，提高了软文的使用价值，使之成为一种低成本、高效能的营销模式。

接下来让我们详细了解一下传统软文与网络软文的不同之处。

# 第二章

# 传统软文与网络软文

# 有什么不同

兵无常势，水无常形，能因敌变化而取胜者谓之神。

——孙子

☐ **总体而言，网络软文不同于以前的传统软文**

☐ 传统软文可信度高；网络软文可信度低。

☐ 传统软文有谋略，抱团打天下；网络软文无布局，独行走天涯。

☐ 传统软文持久战，一浪高一浪；网络软文游击战，一枪接一枪。

☐ 传统软文撰写一篇软文价格高；网络软文以威客为例价格低廉。

☐ 传统软文发布时间长且门槛高；网络软文发布及时迅速有弹性。

☐ 传统软文游走在新闻与广告之间；网络软文行走于隐藏与发现之中。

☐ 传统软文不易转载，自我繁殖能力弱，网络软文极其容易被复制、粘贴和传播。

☐ 传统软文窄覆盖，成本高，不够精准；网络软文宽覆盖，成本低，相对精准。

☐ 传统软文以大中小企业工厂为主；网络软文以网站站长、网商及店长为主。

☐ 传统软文主要以纸质媒体为主，是静态的；网络软文主要以网络媒体为主，是动态的。

☐ 传统软文较为成熟，多样多元，多为有偿服务；网络软文方兴未艾，单篇单一，多为无偿发布。

☐ 传统软文寿命短，难保存，报纸一天一张脸；网络软文寿命长，易保存，数据库中较保险。

☐ 传统软文的投放渠道系统、有规模，读者相对固定，忠诚度好；网络软文的投放渠道呈散状、有量，但网民访客相对忠诚度低。

☐ **具体而言，网络软文的六大特点**

☐ 第一，文字或图片可以搞链接，通过链接可以指向任何网页。

□第二，容易被复制、被转帖、被推荐，意味着容易被传播；容易被传播意味着宣传宣传再宣传。

□第三，可以在博客或社区内产生互动！互动产生焦点，焦点引爆能量。好的帖子往往是在互动中引起轰动，在轰动中逐渐滚动，于是乎财源滚滚而来。

□第四，如果是热帖，很容易被搜索引擎搜索到，大大增加了曝光率。

□第五，生命力持久，一旦被搜索引擎收录，只要网页存在，它将永远存在！

□第六，容易被整合。软文如水，可以储存在各种容器中，结合各种营销手段，实施整合营销战略。如博客营销、E-mail 营销、社区营销、手机营销、搜索营销等。

□ **传统软文的六大特点**

□第一，可信度高。由于存在着报纸和杂志的基本属性，人们对出现在纸质媒体上的"软文"产生的信任感较强。

□第二，静态不易传播、不易保存。

□第三，发布、转载速度较慢，文章还受到版权的限制。

□第四，成本高。相对于硬广告而言，传统软文成本低，但相对于网络软文而言，其成本就高了。

□第五，传播渠道单一。传统软文一般只能通过报纸杂志来传播，而网络软文可以在很短的时间内通过论坛、博客、邮件、即时通等形式传播。

□第六，互动性差。读者很难即时发表个人观点，传统的做法只有写信。

# 第三章

# 不得不提的软营销

> 营销 3.0 的时代就是指企业从消费者中心主义转向人文主义的时代，
> 在这个新时代中，企业的盈利能力和它的社会责任感息息相关。
>
> ——菲利普·科特勒《营销革命 3.0》

在上第一章中我们已经知道了相关软文营销与软营销的概念。

□笔者所谓的软文营销是指个人和群体通过撰写软文，实现动机，直接或间接达成交换或交易目的的营销方式。而在普通高等教育"十一五"国家级规划教材《网络营销》一书中提到"软营销"的概念，该理论介绍如下：

软营销是网络营销中有关消费者心理学的另一个理论基础，它是针对工业经济时代以大规模生产为主要特征的"强式营销"提出的新理论。该理论强调企业在市场营销时，必须尊重消费者的感受和体验，让其能舒适地主动接受企业的营销活动。该理论基础产生的根本原因是源自网络本身的特点和消费者个性化需求的回归。

当笔者读到这个概念的时候，第一反应是：那么"植入式广告"算不算是"软营销"？

□在喻国明等老师撰写的《植入式广告：操作路线图》一书中，他们认为：广义而言的植入式广告指商品（服务）或品牌信息嵌入媒介内容中的活动；从狭义来看，植入式广告则指受商业利益驱使而有意识地使商品或服务及其品牌名称、商标、标示等信息隐匿在媒介内容中，以期影响消费者的活动。

如果你是一位有经验的站长，你一定会发现上述的定义跟我们平常操作的"软文"一模一样，只不过"载体"不一样罢了。"软文"显然是以图文为主，而"植入式广告"一般都是在游戏或影视中出现，可以是图文的形式也可以是其他形式，如电影中的演员对白。

另外，随着网络视频的发展，当"广告"以"微电影"的方式出现的时候，这又意味着什么？这到底是"强势营销"还是"软营销"呢？

□如果从上述"软营销"的定义出发，显然单从"网络环境"角度来讲是有局限性的，无论是从上述的"植入式广告"还是图书营销、赞助营销、公益营销等方式，它们皆可算得上是"软性营销"。

来自贵州大学的李艳华教授，早在1998年就提出了软营销这个概念。当时互联网尚在襁褓之中，有谁会想到十几年后的今天，市场对于"软营销"的需求已经上升到了"没有你我怎么办"的境地。李老师认为——

□软营销，指企业以强化与顾客或公众的感情和文化交流为内容，以淡化商业活动的赢利意图为手段，间接服务于企业经营目标的一种营销活动。之所以称作"软营销"，并不是指营销力度上的差异，而是指营销活动更具有灵活性、委婉性和全局性。[1]

□综上所述，虽然在不同的历史发展时期，一个是针对网络环境而言，一个是针对传统营销而言，但大家在对"软营销"的认识上有其一致性，笔者结合上述"软营销"的概念提出如下要点：

第一，相对于"强势营销——硬广告"而言；

第二，尊重消费者的感受与体验；

第三，淡化营销过程中的商业活动；

第四，企业以友好的方式宣传自己；

第五，企业提供有价值的内容给公众；

第六，重在企业品牌建设与文化的推广。

□有人将"软营销"等同于"软文营销"，这是个不负责任的观点。

一字之差，天壤之别。显然，软营销的范畴要比软文营销大得多。软文营销从属于软营销，只能算是软营销的一个大类。

下面我们来看一个百度的"软宣"，本案例来源于《成功营销》2013年1月刊，如图3-1所示。

---

[1] 李艳华. 软营销论[J]. 经济与管理研究，1998(6).

图 3-1　软宣案例图

这是从"案例角度"来宣传企业自身的业务，当前在各类杂志中可谓比比皆是，显然这种形式的"软营销"是大家都能接受的。

那么，有的读者或许会问："此案例到底是'软文营销'还是'软营销'呢？"

说软文营销必然是软营销，说软营销时未必是软文营销。

□网络上其实有人这样定义软文

顾名思义，软文是相对于硬性广告而言的，由企业的市场策划人员或广告公司的文案人员来负责撰写的"文字广告"。与硬广告相比，软文之所以叫做软文，精妙之处就在于一个"软"字，好似绵里藏针，藏而不露，克敌于无形，等到你发现这是一篇软文的时候，你已经冷不丁地掉入了被精心设计过的"软文广告"陷阱，它追求的是一种春风化雨、润物无声的传播效果。

这是一种非常高的境界，是对软文境界的描述。但如果软文执著于"绵里藏针"，那么上述百度的这个"软宣"又算什么呢？所以笔者在第一章里并没有将其提出来，上述这个概念只是对"软文写法"的一种描述。我们用最简捷的语言概括软文——带有某种商业动机的文体即软文。

那么我们又如何用一句最简单的话来理解软营销呢——上善若水，以德服人；价值驱动，人文精神。

□我们首先来谈：上善若水，以德服人。

《道德经》里有言：上善若水。水善利万物而有静。

何为上善？合于道体的行为即为上善。企业要有商德。道应德显，以德载道。企业的存在是为大众服务的，为了可持续的服务，企业必须要有利润。但是，利润不是企业的中心点，更不是企业经营的原点。利润是在企业为大众提供有价值的服务的基础上，随之而来的产物。软营销如水一般，水滋养万物而达无私忘我之境，静至极致时处下而容大，动却能无孔不入。

□软营销是一种无界的、混合式的营销。

软营销，不拘泥于任何的媒体，不限于任何的形式，以善利万物为宗旨。以"水德"彰显营销之本体。遇方则方，附圆即圆。处变不惊恰能随机而显。应无所住故而如老子曰：无为而无不为。

那么"德"具体是指什么呢？基点是产品，重点是社会责任。

我认为软营销之"德"是企业在整个营销活动中，无论是直接还是间接地带给整个社会的能量是正能量还是负能量？

菲利普·科特勒在《营销 3.0》一书中提出：品牌道德。

□所谓品牌道德是指营销者必须满足在品牌定位和差异化过程中提出的主张。品牌道德决定着企业能否实现承诺，能否让消费者信任自己的品牌，其目标是要获得消费者的精神认同。

我们从软营销的角度来分析企业社会责任。

□案例：淘宝公益平台——从魔豆宝宝爱心工程到淘宝公益基金

淘宝公益基金的前身是魔豆宝宝爱心工程，主要是通过对生活困难的母亲进行网店经营培训及资金支持，不仅提供给她们一条维持生计及改善生活的道路，还可以持续的为淘宝公益平台补血输血。据淘宝网社会责任部总监王凯介绍：目前魔豆妈妈的店，平均每个月能获得 1000～2000 元的纯收入。其中来自长沙的网民——失聪儿，本名叫孙霞，自 2007 年进入爱心工程，到 2009 年已经成为全球百强网商，她的店一天的利润约为 1000 元。

在将企业的社会责任（CSR）与企业的特长业务相结合的同时，企业的竞争力明显得到提升，不仅推动了公益事业，也增加了企业内部的凝聚力，最为重要的一点就是整体社会效应特别好。

□案例：联想公益生态系统建设

2007年，联想公益创投支持了一个中国农村的信息网络工程项目，通过与公益组织合作向偏远农村地区推广和普及计算机。谁能想到原本并不赚钱的项目，在2009年当国家推行计算机下乡计划时，联想已经悄然占据了超过40%的农村市场。

联想集团高级副总裁陈绍鹏说："我们希望联想和业界的公益组织、基金会等一起携手，推进中国的公益事业发展，让整个生态系统变得更好，更加易于社会型企业的创建和可持续发展，在这样的生态环境下，最终受益的还会是企业。"

□价值驱动，人文精神

营销1.0是产品导向，营销2.0是消费者导向，营销3.0是价值驱动的营销时代。菲利普·科特勒在《营销3.0》一书中提到："营销3.0已经把营销理念提升到了一个关注人类期望、价值和精神的新高度。"他认为消费者是具有独立意识和完整情感的人，他们的任何需求和希望都不能被忽视。因为，营销3.0把情感营销和人文精神营销很好地结合起来了。

之所以在本章提出"软营销"也是基于营销3.0的发展趋势。据北美最大的快消评选"消费者的选择"和"天猫"等联合所做的一季度在线调查显示，有79%的人愿意为环保的产品支付更多，75%的人认为："我每天的选择会对环境产生积极的影响"。营销3.0时代的价值驱动营销，其目标就是为了让世界变得更好！

心生万法，法因心生。软营销的崛起是因消费者之"心"而生。所谓市场的瞬息万变其实是跟人的起心动念直接挂钩的。如今，消费者的力量与日俱增，随着社会化媒体的兴起，社会营销尤其是社会责任营销必然会引起更多人的重视。一即一切，一切即一。当一名个体的消费者通过互联网而回归整体消费者群体的时候，他不再弱小也不再弱势；他有可能是一只蝴蝶，在不经意间兴起一场龙卷风。

由于本书主要探讨的是软文营销，本章也只是肤浅地提及软营销，希望能起到抛砖引玉的作用。同时也希望读者朋友们关注我的另一本专著——《软营销——中式营销学》。

# 第四章

# 软文营销的作用与分类

营销的最高境界是不销而销，传播的最高境界是以心传心。

——严刚

你知道软文营销有哪些作用吗？

从文章的属性出发，有宣传即广告与公关的作用。

从营销的角度来看，有销售与品牌建设的作用。

从网页的优化来说，有被搜索引擎检索的作用。

从建设网页的目的来看，有提升转化率的作用。

一般优化网页的目的是为了提前网页排名，提升流量；建设网页的目的有可能是为了提升销量，也有可能是为了收集会员，还有可能是为了公益捐款等。

我们先从文章的基本属性出发，软文营销有着宣传性、阐述性的功能，所以基本的作用就是宣传作用。

## 宣传的作用

宣传企业、宣传企业家、宣传企业活动、宣传企业文化、宣传产品知识、宣传事件（有的甚至是为攻击竞争对手）等。

□对外宣传起到广告与公关的作用

软文广告或公关软文的目的是为了直接或间接地促进销售，为维护企业形象或建设品牌而写的，达到优化传播质量，放大传播效果的功效。

尤其是通过软文优化即对搜索引擎优化的处理，软文随着网页而被检索到，软文中的关键词优化如果设计得好，往往会免费的排在搜索引擎搜索结果的首页甚至首位，是传播更是曝光，从而进一步广而告知。

□对内则有文化营销的作用

王建国教授认为没有营销文化，就没有产品定位，就没有品牌，也就没有目标客户群！文化作为一种精神内涵，赋予了产品个性和灵魂。被赋予了文化个性的产品在顾客眼中是活的、是含义丰富的、是吸引眼球的、是聚焦偏好的、是无法替代的、是难以讨价还价的。文化营销就是有意识地构建企业的个性价值观，并组织与消费者的个性价值观匹配的营销活动，主要包括了浅层次的构思、设计、造型、装潢、包装、商标、广告、款式，也包含对营销活动的价值评判、审美评价和道德评价。

何谓文化？观乎人文，以化成天下，谓之文化。那么企业文化呢？企业要创造出产品在顾客心中的个性定位，就必须进行文化营销，将文化注入产品、价格、渠道和促销之中。我们是否可以把企业文化理解为：观乎企业的理念、使命、价值观等，以化成天下，谓之企业文化呢？

一般认为软文营销都是对外的，事实上我们从文化营销的角度来看，软文营销也有着对内的必要工作，也就是对员工的"营销"。营销什么呢？如统一思想，一致对话；增强组织内部的凝聚力，提升对企业文化的学习等。

所谓内圣外王！企业文化的建设离不开内部刊物即软文的宣传，员工思想素质的提高也离不开软文的灌输，无论是团队精神、执行力还是忠诚度等，都需要一而再再而三地培训员工，要求达到"上下同欲者胜"的境界。

《万科周刊》就是一本非常好的企业内刊的成功代表。遗憾的是，国内四千多万家企业当中只有三万多家企业有内刊。国内企业正从产品的竞争过渡到品牌的竞争，再往后就是企业文化的竞争了。

所有的老总肯定都知道，当我们在教育员工的时候就是在教育我们的客户；而当我们有快乐的员工的时候，就等于有快乐的客户，就等于有快乐的股东。

另外通过软文宣传，对提升产品的知名度和口碑美誉度也有相当大的促进作用，以此提升品牌资产。

我们接着看销售的作用。

# 销售的作用

软文营销肯定具有销售的作用。

具体而言如推广网站、推销产品或服务、撰写销售信函等。我们也可以进行软文优化，设定相应的关键词，通过搜索引擎检索来提高网页排名，提升网站流量，以此来营销产品或服务，或者是通过软文的引导来优化网页文案，以提升网站的转化率等。

□举例：现在有这样一种简单的模式。

一个网站可以只有一个网页，当然这个网页是经过优化且精心设计过的网页，实际上是一个将访客转化成顾客的页面，内容可以是卖产品或服务，也可以是某项活动的页面，还可以是直接注册会员或某项调研。

网站建成后可直接通过百度竞价排名、关键词的设计来推广此页面。

但如今有一种现象不得不提——笔者发现很多企业尤其是很多网店很有意思，只写一篇软文，仅通过一篇软文就进行网络发帖，执行网络推广的重任。

曾经在网络上看到过"一篇软文带来百万流量"的文章，或许这个人很幸运，真的成功了！正如古时候有个四处流浪的铁匠，一次偶然的机会在路上遇到了国王，国王问："可否修好我的王冠。"答曰："好。"之后国王赏赐了他一枚金币。铁匠转身上路，又遇一眨着眼睛掉着泪的老虎，老虎问："可否拔掉我眼中的刺。"答曰："好。"随后老虎千恩万谢并叼来一只肥羊。铁匠惊喜，这钱也太好赚了，于是回家后在屋顶上高高挂起一幅字——专修王冠拔虎刺，谁知其之后贫苦而终。

真的别傻了！守株待兔的典故你又不是不知道，静静地坐在树下等着兔子来撞死，你肯定会饿死。

即便你只写一封销售信函，那你至少要请高手撰写，你至少要以一定的邮寄量来取胜，而且你还要不断地修改、优化、完善才有可能在某个阶段成功。

营销是讲科学的，我们简单的理解营销，即为赢利而采取的活动的总和。一篇文章的营销那不叫营销，只可以叫推广，但是一篇文章的推广到底能推出多少业绩呢？

现在很多商家写软文，软到毫无传播力、销售力、诱惑力、影响力、生命力甚至战斗力，读完以后并没有引起对品牌或产品的兴趣，所讲的故事、打的比喻、举的案例往往都是在损坏原有品牌的资产，暂且不论，下文有叙。

诸如此类的软文只是简单地曝光了一下，虽然淡化了广告的味道，可网民读后却什么都没记住，对这个产品也没有兴趣，更不会去进一步搜索以加强了解，文章内又没有什么链接，这样的软文真的是"软"呀！

有趣的是，很多商家还偏要求写这样的软文，所以写手们研究最多的就是如何淡化广告的味道。

软文营销如果从这个思路出发，肯定会进死胡同。

之前有几位老板纳闷地问我："怎么这就是软文呀？这个有意义吗？这个是有一定意义的，但……真的别傻了！你懂的。"

如果软文不能为营销服务的话，那还有什么意义？单单在文中悄悄地出现品牌名或产品名进行所谓的曝光，这对营销能起到什么样的作用呢？

我想大家之所以会从这样的角度去写软文，最初的原因是写软文容易被接受、被信任。另外，要想免费的在论坛、社区、圈子等顺利传播的话，也是需要从"软"处着手。

我们不能否认，每一次阅读到相关品牌的名称时，多少是有一点记忆效果的，但对读者来说印象很弱。

# 促进品牌资产的积累

很多站长或微型企业推广网站喜欢群发，开通了数十个博客，注册了数百个论坛，建立了数千个群，收集了数万个邮箱。你问这种推广有没有效果？答案是肯定的。但是，接受者往往会对这种形式产生反感，你还没推销自己就已经被否定了，试问还能如何进行销售呢？或是这种群发一旦被搜索引擎察觉，往往会招致 PK 站点的厄运，值得这样做吗？

现在，越来越多的企业与网店越发重视品牌的建设了。

我们以余明阳与杨芳平两位教授编著的《品牌学教程》中对品牌资产的描述作为参考的标准，品牌资产构成的要素主要包括品牌认知、品牌形象、品牌联想、品牌忠诚度和附着在品牌上的其他资产。

我们单从品牌形象来看，所谓品牌形象就是指消费者对某一品牌的总体质量感受或在品质上的整体印象。

如果邮件营销是群发的而不是许可的，请问顾客对企业的印象如何？如果每天频繁的群发手机短信，请问顾客对你的印象如何？

现在的企业如果不重视网络评价，不做好对网络信息的监管，如百度知道、大众点评网、书评或各类回复等，请问这又将意味着什么？

如果网络上到处是某企业的负面报道，请问顾客是否敢购买该企业的产品？

我们应当深知品牌形象是顾客购买该品牌产品的原因之一，良好的品牌形象还有助于提高售价。

我们再从美誉度的角度来看，美誉度是市场中人们对某一品牌的好感和信任程度，对企业和产品而言，美誉度往往是指公众对其质量的可信度、社会公信力、市场竞争力、服务诚意、致力公益和回报社会等方面的综合评价。

如果顾客一搜索就发现有很多关于本企业的正面报道，有很多来自第三方的评价，有很多客户说我们公司的产品很好，服务亦很好，请问这对潜在顾客来说将意味着什么？

再有创意的广告、再好的营销策略，如果没有软文提供充足的话语权印证，或许将达不到文字解释和辩解效果，品牌形象、品牌美誉度、产品知名度等显然会大打折扣。

所以说，我们通过软文营销的方式可以不断与消费者沟通，不断累积我们的品牌资产。

# 信任的作用

文字语言总能比口头语言多一份信任，外加上是来自报纸、杂志、权威人士或第三方比较公正的评论，于是又会多一份信任。

销售基于信任，我们把东西卖给亲朋好友总比卖给陌生人来得容易，原因就在于对方相信我们。而软文营销就有通过一篇篇文章的输出来建立信任的功能，当消费者脑子里相信某样产品的时候，需求产生之时便是买卖双方成交之日。事实上，信任一词在网络购物中显得弥足珍贵！为何网店店长要求好评？为何点评类网站能够生存？

简单而言，就是因为"信任"的市场价值。

软文从一开始就是为了摆脱广告的影子，所以软文广告之"软"非常讲究隐蔽性，所谓绵里藏针、含沙射影、润物细无声通常能够影响消费者进行决策，最终达到目标。

但是现在由于大量软文的存在，读者对软文似乎产生了一种免疫能力，有时候一看标题就知道是软文。

不管怎样，我认为软文营销可以说是整个营销体系中不可缺少的一环。话说软文营销犹如兵马未动，粮草先行，布局—造势—摆平，胡雪岩的经商三步曲都可以通过软文来一一达成。

# 整合与互动的作用

软文如水，以外在之缘而变内在之因。

软文可以无处不在：网页、邮件、博客（微博）、评价、留言、标语、签名、回答、词条、手机、即时通等。软文都可以与其进行推广及整合营销。

例如，论坛营销或是社区营销实际上就是利用软文在营销，因为软文可以推波助澜，在发帖与回帖之间进行互动，一互动就讨论，一讨论就形成话题，将话题放大就形成了事件，再将事件一传播即可上升到焦点新闻的高度。

说到互动，软文对内起着企业与员工之间互动沟通的作用；对外企业可通过网站、博客、邮件、论坛与客户/网民产生互动沟通的作用，以此来达到宣传或营销的目的。倘若设计得巧妙，往往能在互动当中引起轰动。

# 增加外部链接与点击量

网络软文具有明显增加外部链接与提高点击量的作用，其主要目的是为了带来更多的流量及提升网站的 PR 值。

从搜索引擎优化的角度来看，外部链接越多的网页越能够通过相应的关键词排在搜索引擎的前列。

网页的外部链接越多越意味着能被搜索引擎的爬虫发现、抓取、收录，就意味着越能被搜索到，同时流量也会逐步上升。

所以站长们多半会通过网络软文营销的方式来推广自己的网站。

在站长站、落伍者、A5 站长网等我们几乎随处可以看到软文。

还有一点就是大型的门户网站，其文章所在的网页极其容易被收录，而且速度非常快。

如果用 WordPress 主题制作的个人博客能够最快被 Google 抓取，笔者的经验是发一篇博文最快速度为 3～5 分钟。如果我们企业的网站被搜索引擎抓取的速度也能这么快的话，这将意味着什么？

此处我们是不是又进一步了解了网络软文的作用。

□**软文营销的分类有哪些？**

分类似乎是人类的天性。

人类因分类产生区别，由区别知美丑、善恶、对错、是非、好坏等。于是产生了很多的争论，其实是大家在不同的位置上看同一个事物，要么都是对的，要么都是错的；要么都是真的，要么都是假的。

以佛家之空性而论，可谓不真不假！

所谓公说公有理，婆说婆有理，其实大家都有道理。

这里，笔者提出自己的分类，仅供大家参考，有助于后来者更方便地学习，也希望此书能带给大家更多的启迪，完善且丰富"软文营销"。

但是，我也有个请求，如果一定要分类，请求众多学者和那些学识渊博之人，切勿分类分得那么多、那么杂、那么细，因为越细越没"戏"。

大家总喜欢市场细分呀细分市场呀，分到最后连利润都分没了，那还要这个市场干吗？

我希望软文营销的研究方向是有助于销售业绩、有助于品牌建设、有助于公众阅读，有助于以更低的营销成本、更快的营销速度获得更多的营销回报。

我们先来看——

□**在传统软文的分类中，董天策博士从呈现形态上将"软文"分为以下四类。**

第一类：广告版面上，采用新闻文体形式，实则广告。

第二类：专刊专版上，采用新闻报道形式，实则广告性文章。

第三类：新闻版面上，采用新闻文体形式，与新闻报道间杂出现，有的冠以广告之名，有的不加任何标注。

第四类：新闻版面上，看似为新闻报道，实则为广告宣传。

具体操作时可参见图 4-1。

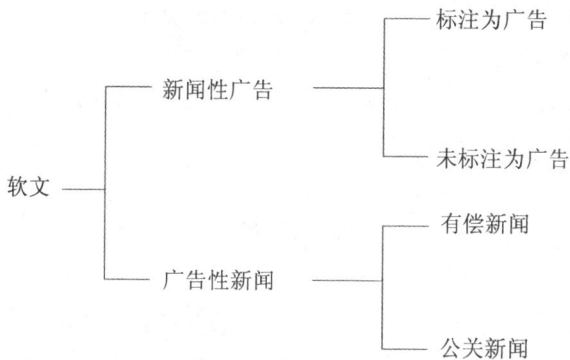

图 4-1　软文分类示例

**□从软文营销作用的角度进行分类。**

第一类：推广类软文。

第二类：公众性软文。

第三类：品牌力软文。

**□推广类软文是指有利于达成交易或带来流量的软文。**

一般有以下几种形式：

第一，站长在软文中嵌入 URL。

第二，网店店主在文章中推荐店址。

第三，从 SEO 搜索引擎优化的角度出发，所设计的关键词的网页文本。

第四，网页信函，大多数是一个域名只有一个网页的模式。

第五，用 E-mail 方式投放销售信函或海报的形式。

第六，在报纸和杂志上直接介绍产品或者是相关产品知识的介绍。

**□公众性软文是有利于企业或机构组织处理好内外公关关系，以及向公众传达企业各类信息的软文。**

如有的企业就是通过企业内刊来处理企业与员工之间关系的。

一旦企业发生危机，就需要在第一时间处理好企业与公众之间的关系。如 2008 年的三聚氰胺事件，企业必须给公众一个交代。

公关新闻是关于企业或机构组织有利于塑造良好的组织形象、培育良好的公众关系的新近事实的报道。这也是公众性软文的目的所在。

事实上，公众性软文可以分为公关软文与新闻软文。

笔者在本书最后一章中会提到："第四方即公众"的价值及"公众营销"的意义。这其实就是将公众性软文独立开来，自立门户，设其名为公众营销。

**□品牌力软文：有利于品牌建设，累积品牌资产的软文。**

公众性软文塑造企业形象，出自企业公关部之手。

品牌力软文塑造品牌形象，可能由内部撰写也有可能是用户对所使用的品牌的使用体验。一般是由企业撰写，也可以找人写，撰写的角度多半是有利于企业提升品牌的知名度、联想度、美誉度及忠诚度。

在品牌力中最强大的软文莫过于品牌故事的推广了。在笔者看来，品牌力离不开故事，甚至故事决定了品牌力。

一个广告的好坏取决于文案的内容，一个品牌的传播自然离不开其核心的品牌价值，而能够演绎品牌价值的莫过于故事。由故事去传播品牌，传承品牌价值，从而创造一个传奇品牌。

**□笔者将以下内容都归类到了软文营销的范畴。**

1. 新闻软文。

2. 公关软文。

3. 故事软文、品牌故事、产品故事、企业的故事等。

4. 文案设计，也包括网页优化设计即网页中的文案，通常有广告文案、促销方案、报价方案等。

5. 销售信函，可以细化到销售话术。

6. 微型软文，如微博的内容、手机短信、简短回复、签名等。

7. 其他软文，如招商说明、企业介绍等。

我并不主张将软文进行多层次、多角度、多元化的细分，越分越复杂。所谓大道至简，简单、简洁、简明，所以我将软文简要定义为：带有某种商业动机的文体。

# 第五章

# 软文营销的三个层面

在互联网上，海量的软文可以形成"场域"，而场域即品牌影响力。

——严刚

很多人把软文广告、软文推广或软文炒作等同于软文营销，我认为不妥。我认为软文营销至少可以包括三个层面，我们先从第一个层面——软文推广谈起。

□**第一个层面：软文推广。**

软文推广顾名思义，以"推"为主。

推什么呢？一般是以推企业与个体为主。推企业则主要包括提升企业知名度、推企业产品、推企业网站（网店）、推企业文化活动等；推个体主要包括推企业家、推新人名人（影坛、歌坛、文艺界）、推网络红人、推个体网店等。

除此之外，我们也可以通过软文来推广如地方政府的优惠政策、非盈利机构的公益活动等，这就是一般意义上的**软文推广**。

**软文推广**，首先是对软文撰写前的准备工作，其次是确定撰写软文的思路与策略，再次是对软文投放的把握，最后是对软文的评估与调整。如果还有一步，那就是持续性的投放软文，长期耕耘。

软文撰写前必须对企业、对企业的竞争对手、对企业所在的行业，加以详细地调研，所谓知己知彼才能百战百胜。毛主席也说过："没有调查就没有发言权。"我们在服务于医院行业时发现，连策划一个"义诊"的方案都需要经过国家相关部门的"备案"。如果不了解游戏规则，意味着会白白耗费很多能量，有时候进了死胡同都不知道。

其次是对整篇软文的布局，尤其是对标题的把握，因为标题是广告中的广告，唯有吸引人进行了点击才有软文的整体效果。没有人来看，再好的软文也是白搭。假设你有很好的产品、很低的价格，可是你的店铺开在穷乡僻壤，请问生意会好吗？没有人来，你想送都送不掉。2011 年报道的菜农送白菜就是如此，但是当"七旬奶奶蔬菜滞销，孙女发帖以后"，情况就大为改善了，结果 200 名网友采取义购来解除奶奶的危机。

再者是对软文的投放，我认为软文的投放有直接促进软文效果的作用，你是写给什么人看的，你就要在什么地方进行投放；软文是为客户而生，为客户成交而死。所以我们要非常精准地把握好企业的客户群，他们喜欢看什么论坛？经常浏览哪些网站？几点上网？论坛上何时人气最旺等都需要了解。

最后是对软文效果的评估与调整。这个就像是火箭的航线，为了准确到达目的地，我们需要不断地调整角度，以免偏离航道、脱离航线而迷失方向。成功学家陈安之老师曾经说过："反省才是成功之母。"以上是笔者对**软文推广**的一些浅见。

□第二个层面：**软文优化。**

网络上谈到软文优化的人不多，事实上软文优化是网站优化的一部分。网站优化也不等于网站排名，网站排名只是网站优化中搜索引擎优化的外在体现；网站优化工作中，SEO工作者会通过网页内容的撰写，来提高网站的排名。这里面所提到的内容，实际上我们可以通过对软文进行优化来进行推广。此处的"推"实则已不是"推"，而是"吸"。

因为被优化后的软文，很快会被搜索引擎抓取、收录、上榜，我们通过之前所设定的关键词来搜索，结果网站排名很好，点击后出现的是软文所在页面。

另外，在软文中嵌入 URL 地址，有助于增加反向链接，可以此来提升网页排名。

例如，笔者之前试验过的博客站点，无论是何时何地，只要在网站上发表了某一篇文章，下一秒谷歌的机器人就会立刻过来抓取，非常勤快，感觉像是守候在门外一般，这个另我想起了周星驰主演的电影《唐伯虎点秋香》，影片一开始为了渲染唐伯虎的画何等有价值，很多慕名而来的人群，乖乖地静候在唐伯虎家的大门前，为的是得到唐伯虎的真迹。

所以一个被优化好的网站会得到搜索引擎极大的青睐，只要你网站上有个风吹草动，搜索引擎能即刻感知。哪怕你扔的是垃圾，搜索引擎也一定会知道，当然垃圾归垃圾，关键还是要原创、要真迹。

试想，如果我们在网站上发表的文章能够在第一时间被搜索引擎收录，这就意味着能在第一时间曝光，当我们第一个谈论某事件的时候，正面的就成正面报道，负面的则是负面报道，如果想让负面报道在搜索引擎中消失，最好的方法自然是删除所有的网页，因为你删除了一个说不定还有很多人转载过此内容。除此之外，笔者认为通过大量正面的软文的投放与发表来覆盖负面信息，也是较为经济有效的方法，如果能两者结合那就更是上上之选了。

所以对软文的优化，不但有利于网站排名，而且有利于企业的正面宣传和对客户的正面引导，简称做好网络公关。

上述谈到了网页中软文的优化是针对搜索引擎而言的，与此同时我们还要针对访客进行软文优化。

此话怎讲？记住！本书所指的软文的概念与传统的软文及网络上传言的软文的概念是不一样的。在笔者看来，传统广告文案（此处所指的广告文案是指狭义的广告文案，即广告作品的语言文字部分）的表达形式就是软文，但它具有硬广的性质，我们该如何来理解这一点呢？

这正如男性身体中有雌性激素，女性身体中有雄性激素，但这并不会异化男人或女人的基本形体。

既然针对访客进行的软文优化其形式上是传统的广告文案在网页上的表现，那么针对访客进行软文优化的目的与传统广告文案的目的应当是一致的。众所周知，传统广告文案的最终目的是为了销售，其实更进一步来讲是为了最大化的销售。而软文优化的目的也是为了达成最大化的销售。

但不仅仅如此，我们常说的软文优化的目的是为提升转化率，主要是指大家所关心的如何将流量转化成销量的问题。

这里我们假设条件为在互联网上，软文优化中的提升转化率除了指销量的问题以外，也有可能是为了将访客转化成会员，也就是提升注册量，还有可能单单是为了让访客点击，跳转到另外一个页面。

所以软文优化的目的要比传统的广告文案来得更广一些。

我们来看软文优化中的"优化"，实际上包括以下三个内容。

1. 搜索引擎的优化。
2. 提升转化率。
3. 提升品牌形象。

我们主要来分析提升品牌形象是怎么回事。随着互联网的发展，一家企业至少有一个网站，而网站是什么呢？网站是企业在网络上的窗口，是企业形象直接在网络上的反应。所以发布在自己网站上的各类软文如招商信函、促销文案、新闻报道等，必定是要有利于品牌建设的，是为品牌加分的。

就拿促销文案来说，你的设计能够直接形成消费者对品牌的印象。

那么除了在企业自建的网站上之外，我们更要考虑品牌在整个互联网上的形象。

如何提升品牌在互联网上的形象呢？答案是品牌优化来源于软文优化。

优化什么呢？优化博文、新闻报道、评论、回复留言、搜索率等。

**□第三个层面：软文传播。**

软文传播其实也包括了软文推广与软文优化，但又不仅仅如此。

我们经常会在即时通内收到信息，关于抵制××国的货，是中国人的就请转发；或者是收到什么邮件，要求转发推介的。这种信息方式的传播速度非常快，经过若干次传播之后，能够形成一种强大的连锁反应，软文传播最终能够产生病毒式的效应。当然一般情况下，普通软文的传播，能被2～4次的转载已经算是很不错的了。

例如，笔者曾经收到的信息，仅作为参考。

□广州海珠广场李宁店20岁女营业员于十几天前去世，该女曾觉得身体不适，去医院就医，医生看完她的X光片后大惊，因为该女五脏六腑和皮肤下全都是细菌虫，肝脏被侵蚀得只剩下一点点，医生告诉她可以直接准备后事了。经查致病原因是该女常年吃麻辣烫和米线，医生说这两种食品的细菌严重超标，且佐料经过加工后也极易滋生细菌，与店面卫生无关，请爱吃这两种食品的人以后少吃或不吃，请转发给你所关心的每一个人。

我不知道这篇短文是有意构造的还是无意写成的，总之它的传播效果很不错，至少从广州传到了上海，连上海的我都知道在广州海珠广场有个李宁店，说不定好奇的人们有空还会过去看看，证实一下那事，顺便再买点东西。

但是诸如此类的带有如下链接的推广可能效果就会很有限。

Hi！我是×××，我正在使用新浪微博，马上注册关注我吧！

这可是现在最酷最火的沟通交流工具，可以随时随地分享身边的新鲜事。关注我之后可以通过网页、手机随时接收我的最新消息哦！

点击下面的链接，加入新浪微博。

http://t.sina.com.cn/invite/att_reqback.php?code=48282992

为何说效果有限呢？因为太多的网民已经 N 次收到此类的传播文章了，实在是吃过很多苦，简单来说对于此类"病毒"，网民已经产生了抗体！而且不管是不是病毒，都将其视之为病毒！

□目前我发现三种形式的软文有助于自动传播，一种是优美的软文，一种是搞笑型、有趣味的软文，还有一种是认同型即相同价值观的软文。

美女与美食，或者说天下间美好的事物似乎都有一种强大的说服力。人们会莫名其妙地任其摆布、听其使唤。一篇美文、一张美女的照片、一首好听的歌曲，我们会发现自己总是情不自禁地去推广、去传播、去分享。

搞笑型的软文也是如此，你看周星驰、葛优或者是郭德纲所演的电影、所讲的话甚至是其所展现出来的语气语调，我们总在传播总在分享，而且似乎不厌其烦地在看、在说、在引用。

众所周知——好奇心害死猫！对于那些鲜为人知的或有情趣的事情我们总是乐此不疲。我们经常会在网络上看到诸如：只要你回复就能看到答案或是投票的结果。结果是什么都没有，但是你却帮他顶了一下。人是贪玩的、趋乐避苦的动物。

娱乐在古代只能有少数人享受得到，但是现在呢？娱乐业异常发达，尤其是在经济不景气的时候，恰似娱乐业如火如荼的时候，即所谓的娱乐至死！

认同型的软文，最具有代表性的就是"王老吉"的案例了。一篇名为"让王老吉从中国的货架上消失！封杀它！"的文章，引无数认同公益、认同慈善事业的人，转载此文且大量地购买"王老吉"。"王老吉"已成为一个经典的案例，不断地被引用、转载与传播，折射出软文具有极强的生命力。

相关帖子转载自网络，具体内容如下。

"一旦公司的形象为公众广泛认可，加多宝即使以后产品转型，也能得到快速认同。"

"要捐就捐一个亿，要喝就喝王老吉。"

一次捐赠，让加多宝公司及其产品王老吉一夜成名。

2008 年 5 月 18 日晚，中央电视台"爱的奉献"大型赈灾晚会接近尾声的时候，加多宝集团副总经理阳爱星代表该公司向四川灾区捐款 1 亿元人民币。

"此时此刻，我想加多宝和王老吉的每一位职员和我一样，都虔诚地为灾区人民祈福，希望他们能够早日离苦得乐！"阳爱星还在晚会现场发表了捐赠感言。

加多宝公司的捐款行动，此后演变成了全国范围的王老吉消费热。在上海等地区，红色罐装王老吉，销量在几天内就翻了倍。

网民呼吁买光王老吉。

王老吉品牌一夜之间深得人心，首先要归功于网络传播的影响力。

几乎与加多宝宣布捐款 1 亿元同步，在中国最大的网络论坛天涯社区，力挺王老吉的帖子开始不断出现。次日，一个题为"让王老吉从中国的货架上消失！封杀它！"的帖子，赫然出现在"天涯互助——汶川地震"栏目，成为一呼百应的强帖。

"王老吉 你够狠！捐一个亿！为了整治这个嚣张的企业，买光超市的王老吉！上一罐买一罐！"帖子只有几十个字，却马上引来许多支持者，短短几分钟，就出现数十条跟帖。到 2008 年 6 月 2 日，这个帖子的浏览量已经超过 520 000 元，回帖多达五千多条。加多宝一时成为"爱心企业"的样板，"封杀王老吉"的帖子，被网民们转载到越来越多的论坛上，几乎到了人人皆知的地步。

不过，许多高喊要买光王老吉的网民有所不知的是，在市场上销售的其实有两种王老吉饮料。一为绿色盒装王老吉，生产厂家为广州王老吉药业股份有限公司；一为红色罐装王老吉，生产厂家为此次捐赠 1 亿元的加多宝公司。两家公司虽然都卖王老吉，但彼此独立，之间更多的是竞争关系。一些人不了解此王老吉非彼王老吉，将整箱的盒装王老吉抱回家里，将一些商场盒装王老吉的销量也提升了上去。

大部分网民直接将"今年过节不收礼，收礼只收王老吉""让王老吉从超市消失，有一罐买一罐"的呼吁，变成了真金白银的采购行动。他们认为，购买一罐王老吉，就等于向地震灾区捐献了一份爱心。

网民的"爱心"，马上在市场上有了回应。

上海徐汇区，王老吉销量翻番。"正常情况下，3 个卖场一天王老吉的总销量，在 30～50 箱左右(1 箱 24 罐)，捐款 1 亿元之后，这 3 个卖场的销量，已经翻了一番，现在感觉供货有点吃紧了。"正在忙着盘点销售情况的夏军在电话里对理财周报的记者说。

夏军是王老吉上海徐汇区大卖场的业务负责人，负责世纪联华体育场店、好又多田林店和乐购龙华店 3 个卖场王老吉的销售。

据他介绍，王老吉在上海本身的客户基础就很好，之前以家庭购买为主。现在增加的购买者主要是些年轻人，不少还是小孩子，他们通常买的是 6 罐装和 12 罐装的王老吉。事实上，这些人群此前喝得最多的，不是价格相对较高的王老吉，而是可乐。

让夏军感到欣喜的是，除陡然增加的年轻消费群体外，最近上海还出现了许多团购王老吉的企业，经常一次性就买几十箱。夏军的上司、浙江加多宝饮料有限公司上海办事处主任黄宝丹也证实了这个说法。记者浏览了一些论坛后发现，最近确实有一些公司，感动于加多宝的慷慨捐赠，每天给员工发两罐王老吉，作为夏季解渴的饮料。

世纪联华上海体育场店是上海市中心的一个大卖场。罐装王老吉占据了饮料区最好的位置，顾客只要进入饮料区，必然会经过王老吉的摆放区，并且自5月底开始，世纪联华的收银处，摆上了一个打着王老吉广告的冰箱，里面摆放的全是红色罐装王老吉。

世纪联华的罐装王老吉，卖4元/罐，6罐装的卖21元/箱，12罐装的卖41元/箱。与此相对应，边上的盒装王老吉，只卖2元/盒。因为价格便宜，此前一直是盒装王老吉卖得好，不过一捐成名后，罐装王老吉的销量开始慢慢追赶上来了，现在一天能卖10箱左右。

"人家广告打得响，一捐就是一个亿，现在谁不知道这个事？现在的80后、90后，就喝王老吉，就相信这个牌子。价格贵点，他们也舍得去买。我儿子今年19岁，在技校读书，他们同学最近就爱喝这个。我们康师傅也捐了一千多万元，但效果没法和他们比。"说起此事，"康师傅"绿茶的女促销员显得有些无奈。最近她经常听到顾客说的一句话就是："要不要带点王老吉回去？"

当然，商场里不是谁都知道王老吉为四川灾区捐了1亿元。收银处的一个收银员就很纳闷地说："这饮料什么东西做的，卖这么贵，还有这么多人买！"

□我认为软文营销的三个层面，从软文推广到软文优化再到软文传播，可以使软文营销的3个步骤形成一个整体，也可以独立运作，各展雄姿。顺便提一下软文炒作，笔者认为软文炒作涉及软文策划的层面。

# 第六章

# 软文在搜索引擎中的价值

SEO 即搜索引擎优化，其可谓不战而屈人之兵。

——严刚

如今，虽然流量的入口有所变化，从主流门户与搜索引擎到了移动互联网的微博或微信；但是搜索引擎的价值在未来很长的一段时间，依然是不可忽视的，那么软文在搜索引擎当中有着什么样的价值体现呢？

## 搜索度越好，曝光度越佳

所谓搜索度是指通过在各大搜索引擎中搜录网页的数量及搜索网页排名的情况来了解网络品牌。

这就意味着"蜘蛛爬虫"会不断地抓取你的文章，搜索引擎会持续地收录你的网页。与此同时，相关网站会不断地转载你的文章，也就是在不断地传播"你的品牌"。文章被转载的次数越多意味着网页的收录数越多，意味着受众及覆盖面越广，意味着"品牌"曝光度越高。

记住还有一件很重要的事情，那就是每个搜索页面仅有 10 个黄金位置，尤其是首页。如果你占其一半，那么其他竞争对手呢？那么你被搜索者点击的概率是多大呢？正所谓在点击当中产生商机！

这年头不管是在自己的网站还是在相关门户网站发布信息，重要且紧急的是占个位置再说！

笔者向你充分地解释了为何越来越多的企业在营销时会选择"发帖"的原因。还有一点值得关注的是，如何让一篇文章被多个关键词在搜索引擎搜索出来？这个很重要。我们将在第七章中加以解答。

最后我的建议是，自有品牌必须要在第一时间布局互联网，而且当搜索品牌名称的时候，必须在任何搜索引擎的首页/首位才能更好地传播及管理品牌。

你会惊奇地发现，很多代理商要比品牌商在搜索引擎中的曝光度更高，只要你一搜索大多都是代理商的网站，很多品牌商的网站应该是有，估计都处在熟睡状态。

这里提一个问题：为何代理商在搜索引擎上的活跃程度要比品牌商高呢？这是为什么呢？

其实，作为一个响当当的品牌理应占据高位，以绝后患。

因为有时候晚一步结果往往会不堪设想。

当然你也可以通过竞价排名来获得榜首之位，但这是要花大把大把的银子的。

# 软文的收录速度越快，传播效果则越好

软文的优化从本体上来讲是内容与形式的优化，或者说是所指与能指的优化；从客体上来讲是针对读者与搜索引擎的优化。

在广告文案中所指是广告文案所表述的信息内容；或指则是广告文案的语音形态和文字形式。

那么软文对搜索引擎的优化意味着什么呢？

特别是新闻稿或公关软文。

新闻稿或公关软文要想增加其浏览量，除了在大型门户网站投放发布之外，更为重要的就是能在搜索引擎里被显示出来。

相关的事件名称一搜索就能在第一时间甚至是第一位展现在搜索者的屏幕上，任其点击、查看、转载、散播。

那么如何能让软文在第一时间就被收录呢？

来自百度的忠告，在"百度站长平台提示：百度将提高优质新闻站展现，处理低质新闻"一文中，百度对于新闻站质量的评定作出了以下指导性的建议：

1. 优质新闻站点应该有一定的公信力和权威性，能够提供一定的有独特价值的文章，一般是原创或者经过精心收集、整理的文章。

2. 新闻站应该做好相关性，专注于自己所属领域，做好与站点所属的领域相匹配的新闻频道，一个站点下的优质新闻往往集中在站点有较多编辑资源投入/站点有相应编辑能力的频道。比如，地方新闻站最有价值的应是地方新闻；行业站点最有价值的是行业资讯。做娱乐新闻的网站出现 SEO 新闻说不过去，或者哪怕具备了相关性，但是内容无意义穿插关键词、堆积关键词、恶意引流、发布明显广告，也会被评为低质量的新闻站。

3. 低质量的新闻站是指与以上优质站点的判断条件差别较大，特别是发现新闻站为了获取商业利益过度 SEO、发布商业广告、恶意导流或堆砌关键词等，伤害普通用户的搜索体验，影响新闻产品专业、权威的形象，百度会将其视为低质新闻站，而给予降低网站权重、减缓收录、不予收录等不同的处理。

# 做好公关，引导舆论

一般搜索者搜索 3～5 页已经是极限了，如能将大量的正面信息漂浮在搜索引擎之上，就品牌管理来说倒也是个不错的策略。

所以与其付高价删除负面帖子，甚至聘请黑客直捣某家网站，倒不如以大量的正面信息充实整个互联网，慢慢地净化原有的负面信息。

最后当搜索者进行搜索的时候，呈现在眼前的只有正面的信息，甚至是想让消费者看到的、通过精心设计的各类公关软文。以此来维护品牌在互联网上的信任度与美誉度。

# 永久保存，积累品牌与企业形象的资产

你是否想过为何你的网页、你的文章、你的 QQ 号、你的邮箱或你发布的任何信息都能在搜索引擎里被检索出来吗？

答案是你所发布信息的网页被抓取后保存在搜索引擎的数据库里面了。

所以现在的删帖公司越来越多，因为所有的企业都不希望有任何的负面信息留在互联网上，一旦传播开来生意肯定难做。所以，网络公关公司往往就是通过维护企业在互联网上的口碑而赚取满仓的金币。

我们在之前已经提到了，由于大量的发帖之后可以慢慢地覆盖掉原有的负面信息，但并不是"删除"。那些原有的负面信息依然储存在搜索引擎的数据库中，犹如火山一般，他日极有可能会再度爆发。

同样的，正面的信息或任何来自第三方的报道，若能积聚成一股力量，比如将来自各大报纸和杂志或知名网络媒体的报道汇聚成一个"主题页面"，集中展示品牌或企业的形象，那将是一股多大的能量啊！

如果数十年如一日地发布软文，持续地投入公关宣传，一旦丰收，大业乃成。

最后分享一下搜索引擎原理图，如图 6-1 所示。

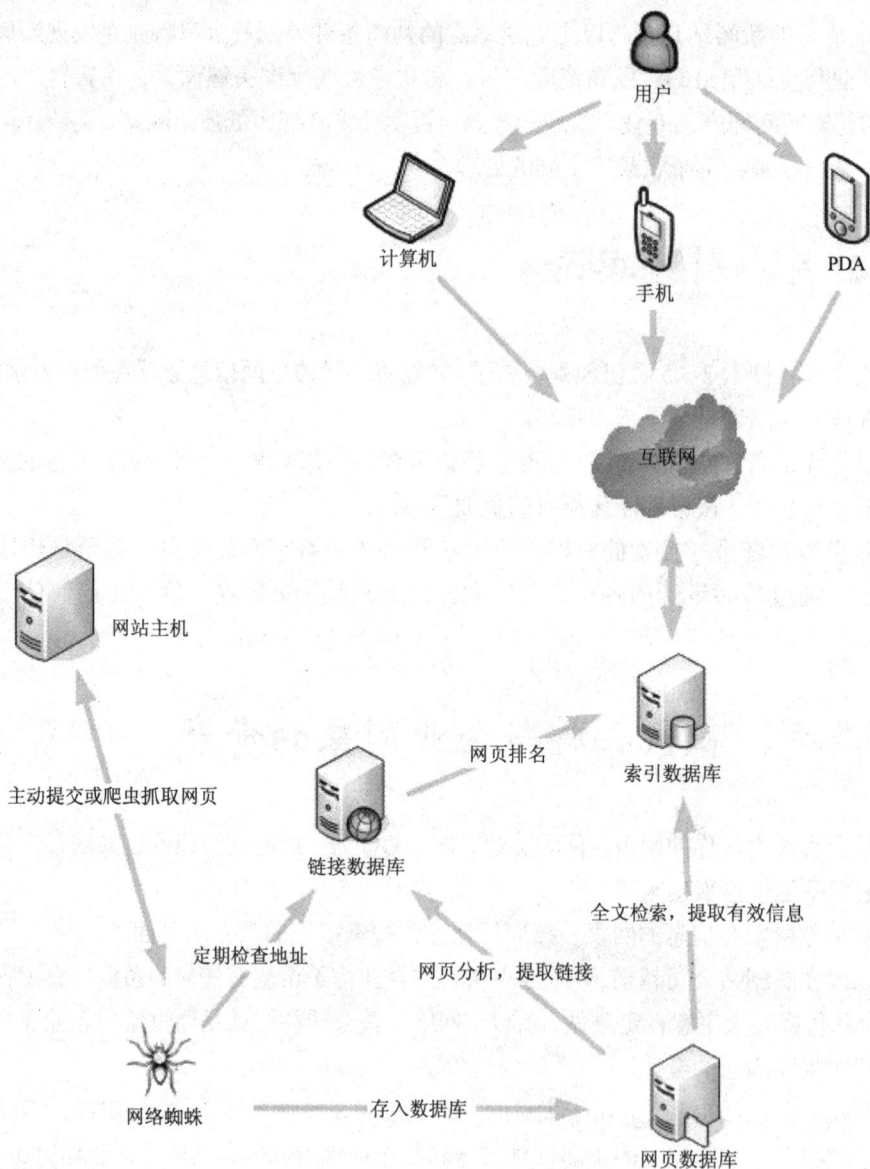

图 6-1　搜索引擎原理图

□根据百度百科简述如下。

1. 爬行和抓取

搜索引擎派出一个能够在网上发现新网页并抓文件的程序，这个程序通常称为蜘蛛。搜索引擎从已知的数据库出发，就像正常用户的浏览器一样访问这些网页并抓取文件。搜索引擎会跟踪网页中的链接，访问更多的网页，这个过程就叫爬行。这些新的网址会被存入数据库等待抓取。跟踪网页链接是搜索引擎蜘蛛发现新网址的最基本的方法，所以反向链接成为搜索引擎优化最基本的因素之一。搜索引擎抓取的页面文件与用户浏览器得到的完全一样，抓取的文件会存入数据库。

### 2. 索引

蜘蛛抓取的页面文件经过分解和分析，以巨大表格的形式存入数据库，这个过程即是索引（Index）。在索引数据库中，网页文字内容，关键词出现的位置、字体、颜色、加粗、斜体等相关信息都有相应的记录。

### 3. 搜索词处理

用户在搜索引擎界面输入关键词，单击"搜索"按钮后，搜索引擎程序即对搜索词进行处理，如中文特有的分词处理、去除停止词、判断是否需要启动整合搜索、判断是否有拼写错误或错别字等情况，并且搜索词的处理必须十分快速。

### 4. 排序

对搜索词进行处理后，搜索引擎程序便开始工作，从索引数据库中可找出所有包含搜索词的网页，并且根据排名算法计算出哪些网页应该排在前面，然后按照一定格式返回到"搜索"页面。

# 第七章

# 关键词在软文营销中的运用

营销缺德，缺德营销，必将挥刀自宫。

——严刚

□什么是关键词？

□如何理解关键词？

□关键词在哪里？

□关键词的种类有哪些？

□如何设计与选择关键词？

□如何在软文中设计好关键词？

□需要了解的几个免费的关键词工具。

## 什么是关键词

我认为关键词就是你输入搜索框中的文字或符号。

但关键词不仅仅限于单个的字或词，还应包括词组和短语，甚至是短句。除了语言文字外，还包括数字及各类符号。

## 如何理解关键词

关键词是磁铁，是同性相吸的磁铁。

关键词是通道，是连接你我他的通道。

关键词是猎物，是搜索引擎爬虫的猎物。

关键词是身份，是代表某个网页或网站的身份。

关键词是需求，是人类的欲望在网络上的行为表现。

关键词是市场，一个关键词就是一个市场，如杯子。用户搜索杯子就是需求方寻找供求方，如搜索马克杯。我们可以理解为细分市场，这里的关键词就是金钱。这就是为何那么多企业想排在搜索引擎首页甚至首位的原因了。这也使得 SEO 行业如雨后春笋一般蓬勃发展起来，国外在 2007 年的时候甚至将 SEO 上升到专科的高度，可见其在网络营销领域的价值。

一般而言，关键词排名越靠前流量就越大，流量大销量就大，销量大自然赚钱就多。

# 关键词在哪里

在文字链接上。

在正文的标题里。

在正文的内容里。

在 URL 的设计中。

在图片的 ALT 属性中。

在你的服务或产品中。

在网页的标题里。

在 Title 中、在 meta 中、在网站描述中、在文件的命名中。

# 关键词的种类有哪些

1. 核心关键词，是指可以用以描述网站的核心内容、主要服务或产品、企业名称、品牌名称、行业定位、基本特色等方面的词汇。

如网络营销、V-ING 软营销、渠道营销等。

那么企业该如何根据自身的需求来获取核心关键词呢？

以下内容是参考"百度推广——搜索营销新视角"一文的核心词类别分类法，如表 7-1 所示。

表 7-1　核心词类别分类法

| 核心词来源类别 | | 注　　释 | 核心词示例 |
|---|---|---|---|
| 营销目标 | 品牌推广 | 公司或品牌名称相关的词 | 如京东商城、京东官网、360buy |
| | 市场公关 | 事件名称或特点等词 | 恒天然奶粉、婴幼儿结石 |
| | 主营业务宣传 | 主营的产品/型号/商业模式/地域/购买等 | 手机、平板电脑、网上商城 |
| | 活动/促销 | 活动的名词、内容等 | 京东电视节、创维 3D 电视、32 寸电视机 5 折起 |

（续表）

| 核心词来源类别 | 注　释 | 核心词示例 |
|---|---|---|
| 受众定位 | 根据营销目标确定的人群、依据他们的兴趣点扩词 | 如定位是 18～30 岁的女性，那么常用搜索词为治痘痘、美容、美人天下 |
| 市场环境 | 竞争品牌的公司与主营业务名称 | 京东的竞争公司包括：卓越、当当、新蛋 |

2. 辅助关键词，指与核心关键词相关的解释、术语、名称等，是对核心关键词的补充。如什么是网络营销？V-ING 软营销等。

3. 长尾词来自于网络时代的产物——长尾理论，我们可以理解为与"热词"相对的"冷词"，即被人使用频率相对较低，搜索量很少的词；热词则与其相对而生。

4. 在百度竞价里你可能会接触到"通用词"与"专用词"。

通用词如鲜花、空调、手机则为通用词，概念大、搜索量极高，一天可达数万。

专用词是各行业中的词，大都因专业性而显得冷门一些的词。

5. 根据市场营销需求，网民在购买过程中所涉及的关键词种类，如表 7-2 所示。

表 7-2　所涉及的关键词种类示例表

| 种　类 | | | 示　例 |
|---|---|---|---|
| 引发兴趣的人群词 | | | 新居装修/新婚新房 |
| 信息收集的产品词 | | | 滚筒洗衣机/3D 电视机 |
| 对比评价的口碑词 | 品牌词 | 产品词 | 海尔电视 |
| | | 问句词 | 海尔电视好吗？哪种电视好？在哪买电视？买什么电视好？ |
| | 竞品词 | 产品词 | 创世电视 |
| | | 问句词 | 三星怎么样 |
| 购买决定的品牌词 | 地区词 | | 北京海尔 |
| | 活动词 | | 海尔促销 |
| | 价格词 | | 海尔电器价格 |
| | 其他词 | | 海尔广告 |

**资料来源**：百度营销研究院. 百度推广——搜索营销新视角[M]. 北京：电子工业出版社，2013.

# 如何设计与选择关键词

一般有以下几个思路。

1. 以客户的思维方式来选词，从客户的用语习惯来进行思考。

2. 将关键词扩展成一系列词组或短语。

3. 进行前后左右的排列组合。

4. 在做搜索引擎排名时最好不要用通用词，搜索量大、竞争性强的词排名很难排在首页。

5. 使用区域设定关键词，越精准越有效果。同时，由于搜索量相对较小而会得到较前的排名。

6. 了解竞争对手使用哪些关键词，知己知彼，百战百胜。

7. 在优化中要控制关键词的数量。

通常一篇文章有一个主题，在标题中顶多设计 3 个关键词，同时也可以巧妙地出现在文章当中。

8. 设定能产生极高利润的词。如点击一次消费 100 元人民币，但成交一次就能赚100 000 元人民币，这样的词为何不选呢？当然也需要考虑所选关键词的竞争性。

9. 根据软文推广的目的来设计关键词。你是想推产品、公司、公司网站、公司理念还是一个简单的案例，越有针对性效果就越佳，这就如同一根针，越尖越容易命中要害。

10. 以下与大家分享摘自网络的简单公式。

（1）关键词＝专业＋服务

（2）关键词＝地区＋专业＋服务

（3）关键词＝专业＋产品＋行为

（4）关键词＝地区＋专业＋产品＋行为

# 如何在软文中设计好关键词

要了解如何在软文中设计好关键词，我们首先需要知道什么是关键词密度、关键词频率、关键词竞争度与相关度。

关键词密度(Keyword Density)与关键词频率(Keyword Frequency)所阐述的是同一个概念，用来度量关键词在网页上出现的总次数与其他文字的比例，一般用百分比表示。相对于页面总字数而言，关键词出现的频率越高，那么关键词密度也就越大。

举例，如果某个网页共有 100 个词，而关键词在其中出现 3 次，则可以说关键词密度为 3%。必须要提醒大家的是，除了正文之外还包括文字链接、alt 属性当中的文字及 Title当中的文字等。

关键词的竞争度，是指在搜索引擎检索中会有多少张网页同这个关键词相关。

关键词的相关度，是指搜索关键词与搜索到的网页内容的匹配程度。

关键词的商业价值或转化价值，是指关键词能带来多大的经济利益。

实例：笔者曾在新浪女性频道上投放的软文——"上海女装生活馆，唤觉有机纯植物女子生活馆"。

以下是内容页面的截图，如图 7-1 所示，仅供参考。

图 7-1　新浪页面截图

关键词：上海女装生活馆——在百度页面截图，如图 7-2 所示。

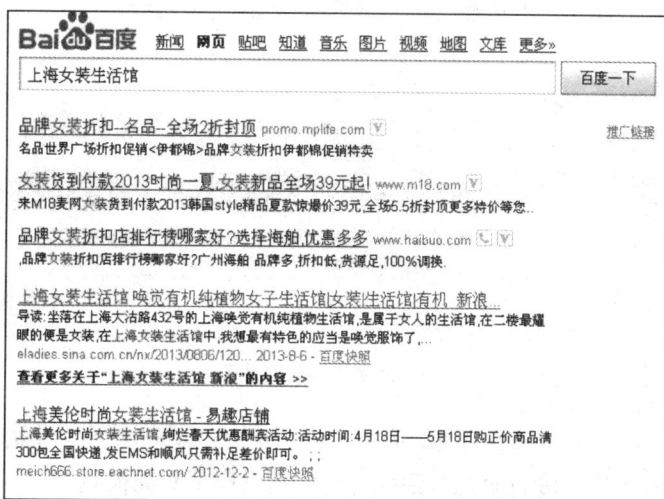

图 7-2　百度页面截图

关键词：女装生活馆——在百度新闻页面截图，如图 7-3 所示。

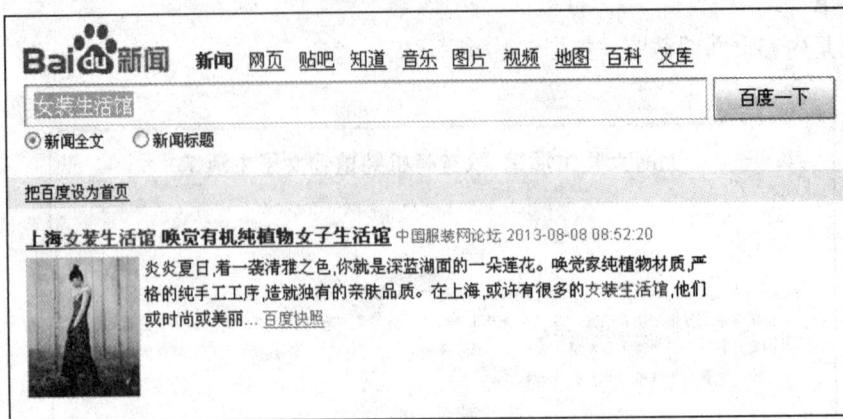

图 7-3　百度新闻页面截图

关键词：上海女装生活馆——在百度底部页面截图，如图 7-4 所示。

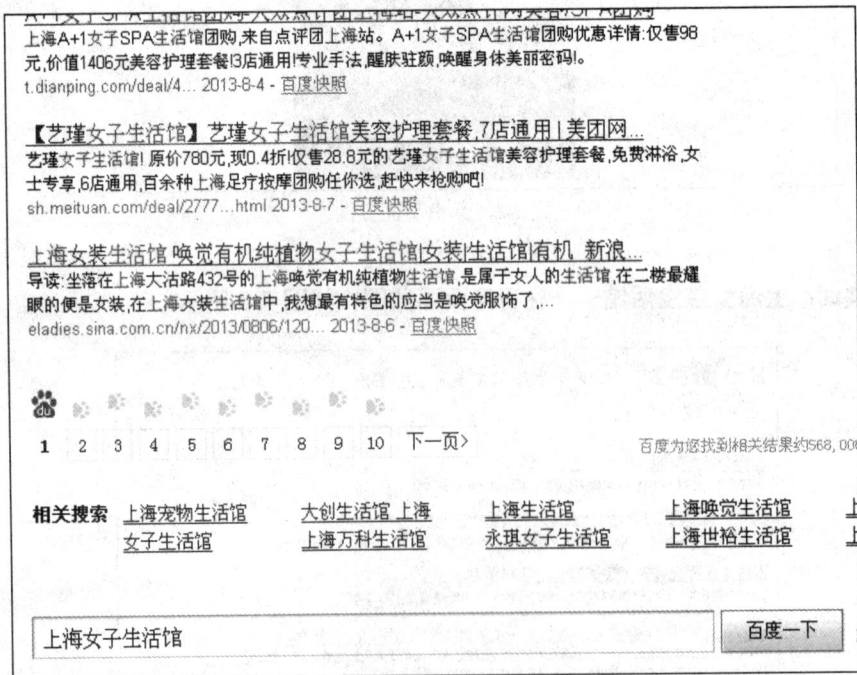

图 7-4　百度底部页面截图

这篇文章的关键词设计得还不错，另外，还有如上海唤觉生活馆、上海纯植物生活馆、纯植物生活馆等都是在百度首页的。那么其他的搜索引擎会如何呢？

**关键词：上海女装生活馆——在谷歌页面截图，如图 7-5 所示。**

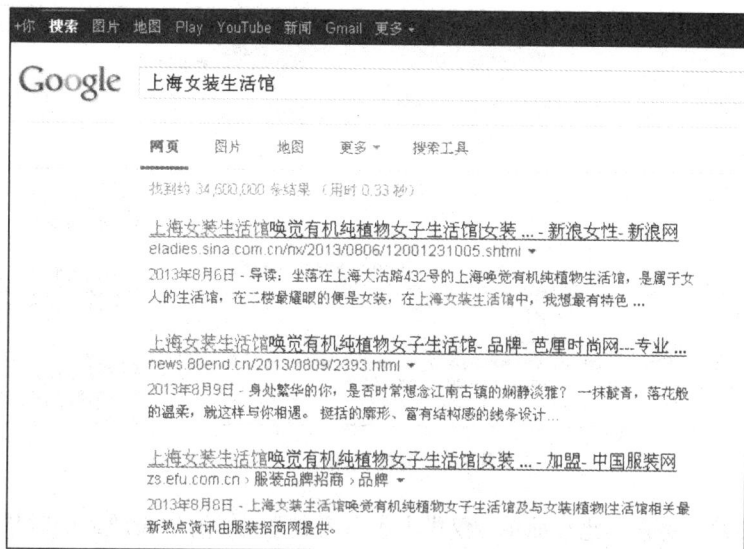

图 7-5　谷歌页面截图

通过大家看到的上述来自三个不同站点的文章链接，可知文章是被转载了。那么如果我们检索"女装生活馆"，情况又会怎样呢？

**关键词：女装生活馆——在谷歌页面截图，如图 7-6 所示。**

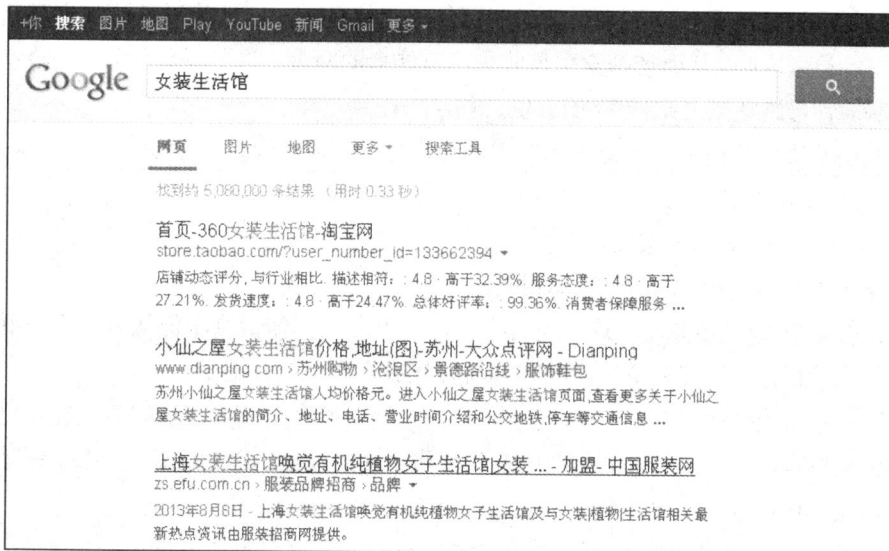

图 7-6　谷歌页面截图

**关键词：上海女装生活馆——在搜搜页面截图，如图 7-7 所示。**

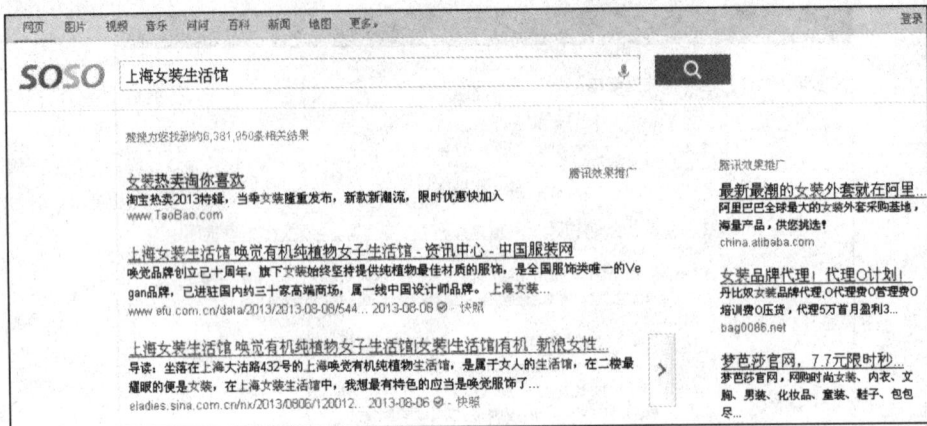

图 7-7  搜搜页面截图

以上关键词相对来说比较简单，仅供大家参考和学习，通过投放后的效果，可明白软文关键词设计的意义与价值。最后简述关键词在软文中的设计思路。

□ 第一，确定关键词。

我们先从搜索引擎的角度来设计关键词的三种组合方式。

此处所指的搜索引擎主要是针对百度与谷歌这两大搜索引擎，考虑到很多读者对搜索引擎优化即 SEO 不熟悉甚至不懂，故而在此阐述如下：搜索引擎优化（Search Engine Optimization，SEO）是针对搜索引擎对网页的检索特点，让网站建设各项基本要素符合搜索引擎的检索原则，从而使搜索引擎收录尽可能多的网页，并在搜索引擎自然检索结果中排名靠前，最终达到网站推广的目的。

搜索引擎优化从根本上来说还是关键词的优化，一般涉及以下知识。

1. 较低搜索量/较高相关度。

2. 较高竞争度/较高相关度。

3. 较高搜索量/较低竞争度/较高相关度。

较低搜索量/较高相关度：这种组合有可能是专业词，搜索量少但从目标客户群的角度来看其流量都是"精准流量"，极其容易转化成客户，提升销量。

较高竞争度/较高相关度：一般竞争激烈的关键词搜索量较大，我们建议在使用高竞争度的关键词时，一定要做好高相关度及其转化页面的设计。因为无论是 SEO 还是竞价排名，总成本相对较高，但不容否认的是在巨大的流量中会产生较高的销量。

较高搜索量/较低竞争度/较高相关度：这是 SEO 工作者梦寐以求的关键词，是一个非常理想的组合，从营销的角度来讲就是收效快、成本低、产出高。而如能将软文营销、搜索营销及其网页转化设计相结合，其效果将会好得出人意料。这就是所谓的花小钱办大事、低成本营销。

另外，补充搜索量大的关键词能够说明有大量的读者用此关键词来进行搜索，这样的关键词自然要在软文中出现，那么出现在哪里较为合适呢？

□**第二，关键词的位置。**

1. 将选定的关键词写进软文标题及文章的第一段中。唯有写进标题，软文才能通过关键词检索被搜索出来。

2. 正文中的关键词理想的位置是左边优于中间优于右边；上面优于下面。

□**第三，在软文中扩展关键词。**

如生活馆→女装生活馆→上海女装生活馆。

□**第四，将关键词自然地嵌入软文中，要通顺、要流畅，不能为了优化而优化，注意密度在 3%～7% 为佳。**

很多时候为了体现文章的价值我们可以不考虑关键词的密度，毕竟用户的阅读体验高于一切，良好的阅读体验在软文营销中能促进品牌资产的增值，切忌！

□**第五，标题或软文中的关键词要加黑、加粗或加下划线。**

上述案例中关键词的设计仅供参考，需重点关注标题与关键词的结合使用。

另外，文章内容为王，提供对读者有价值的软文才是王道，不要为了一些所谓的技巧或技术而撰写软文。笔者从事了 12 年的营销工作，深刻地体会到唯有站在客户的角度、唯有为消费者着想，才能实现真正有效的营销。

# 需要了解的几个免费的关键词工具

□**百度指数**

网址：http://index.baidu.com。

百度指数是以百度网页搜索和百度新闻搜索为基础的免费海量数据分析服务网站，用以反映不同关键词在过去一段时间里的"用户关注度"和"媒体关注度"。使用户可以发现、共享和挖掘互联网上最有价值的信息和资讯，直接、客观地反映社会热点、网民的兴趣和需求。

笔者认为百度指数从市场调研的角度而言是非常值得参考的，原因如下：

第一，百度指数搜索量大。

第二，百度指数市场维度多且完善。

第三，图表展示更加直观。

百度指数页面截图，如图 7-8～图 7-10 所示。

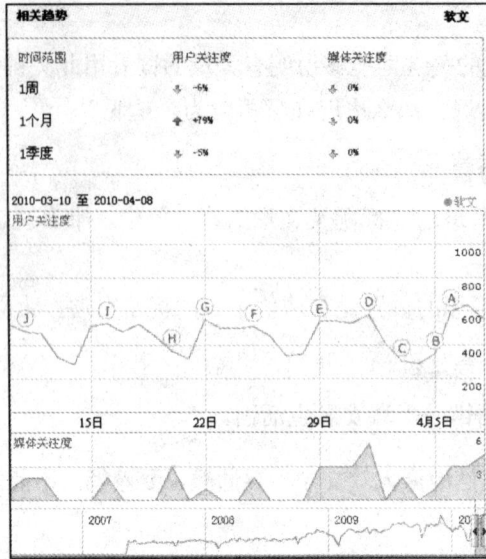

图 7-8　百度指数页面截图

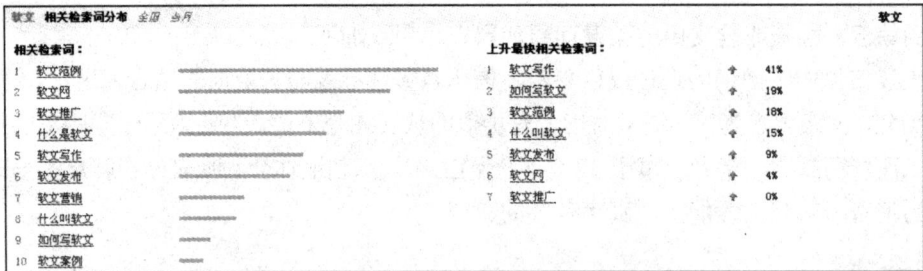

图 7-9　百度指数页面截图

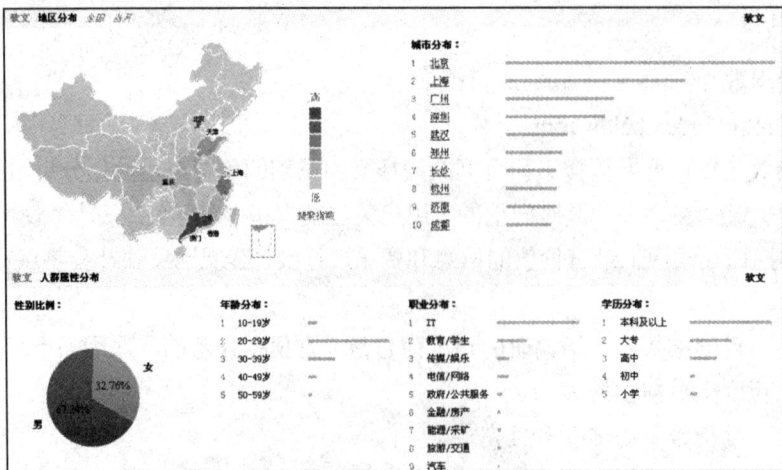

图 7-10　百度指数页面截图

### □谷歌关键字

网址：https://adwords.google.com/select/KeywordToolExternal。

网络传言：原先国外收费，现在国内免费；面向全球多种语言，可以显示本地及其全球搜索量，页面截图仅供参考，如图 7-11 所示。

图 7-11　页面截图

### □谷歌趋势

网址：http://www.google.cn/trends。

可以通过在谷歌的"搜索趋势"里输入关键词，还记得吗？一个关键词就是一个市场，我们可以通过谷歌的"搜索趋势"了解市场的发展趋势，页面截图仅供参考之用，如图 7-12 所示。

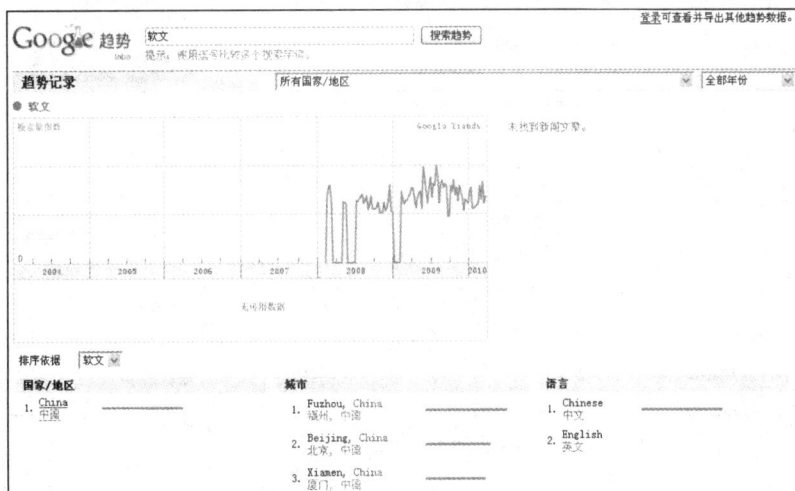

图 7-12　页面截图

□两个国外的网站

1. Wordtracker

网址：http://www.wordtracker.com/，页面截图如图 7-13 所示。

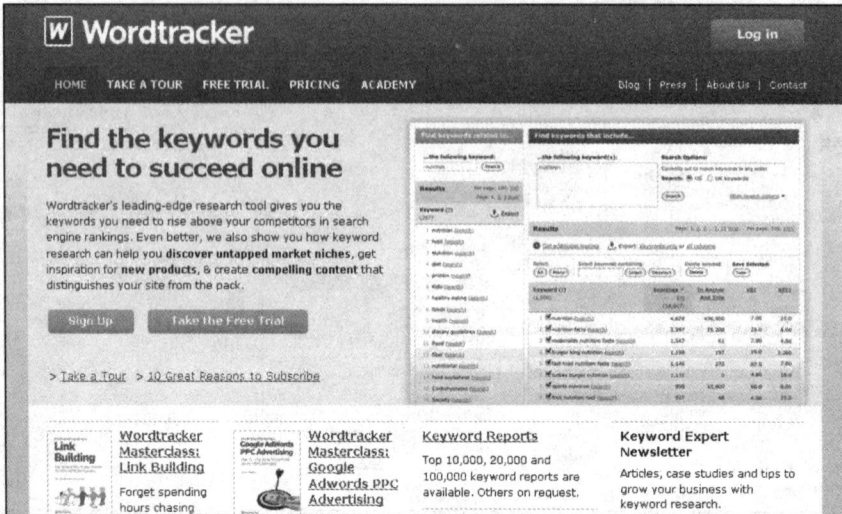

图 7-13　页面截图

2. keyworddiscovery

网址：http://www.keyworddiscovery.com/，页面截图如图 7-14 所示。

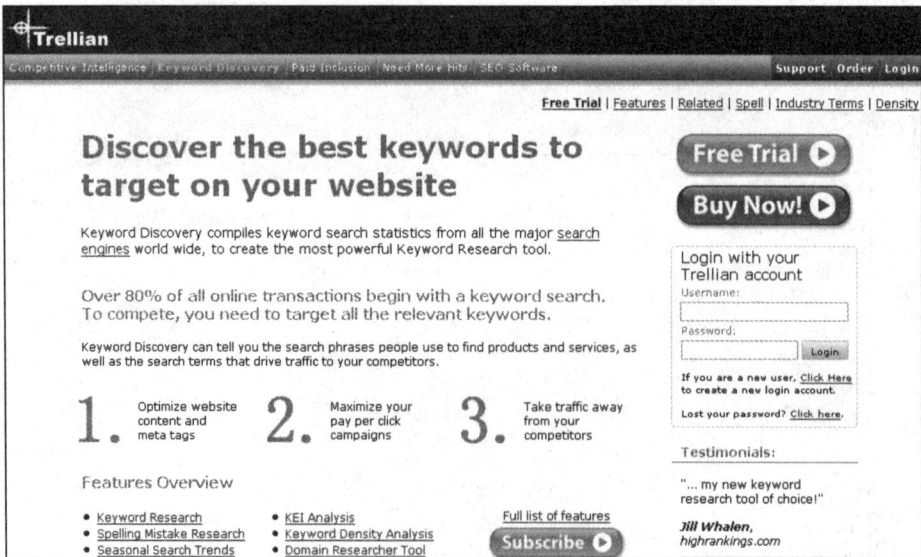

图 7-14　页面截图

# 第八章

# 本书最重要的一章，标题

> 谁要是给我想出一个好标题，我就给他磕三个响头。
>
> ——原人民日报社长 邓拓

## 标题在软文营销中有哪些作用

当搜索成为一种习惯的时候，

当发帖越多越能被检索到的时候，

当软文的标题被优化设计的时候，

软文营销的价值在搜索引擎的价值之上得以呈现的时候；

然而，回首当年——

当年我们"打土豪、分田地"；

当年我们有"三大纪律，八项注意"；

当年我们"扩大铁的红军，打倒帝国主义。红军独立四十三团宣"；

当年我们就是通过一条又一条的标语来发动人民群众，聚合群众的力量，从而取得了革命的胜利。

这就是"软文"的力量，通过城墙、土堆、碉堡、桥面等，一切可以粉刷的、写字的、传播的媒介，都以"品牌的精神"始终如一地传递着一种声音——没有共产党就没有新中国！

示例如图 8-1 和图 8-2 所示。

图 8-1　示例 1

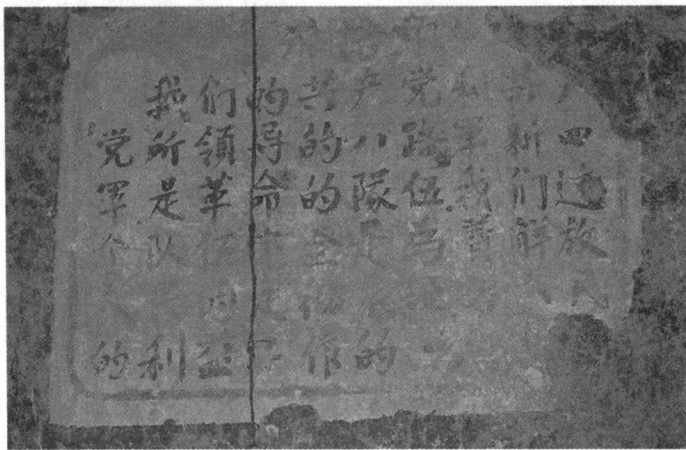

图 8-2　示例 2

让我们继续来看标题到底有哪些作用？

□第一，标题对文章内容而言具有提纲挈领的作用。

一篇文章一个主题，一个主题简单有力到可以用一句话来概括，而这句话往往就是标题，起到提示与概括全文的作用。

□第二，对搜索引擎而言有抓取识站[1]的作用

网页的标题设计在网页代码的 title 中，当搜索 title 中的文字时，在被搜索引擎收录以后该网页就能被搜索出来。

例如，一般只要在网站首页中设计了公司的名称，只要搜索必能找到该公司的网站。

网站中内容页面的标题往往是网页中文章的标题，所以搜索此文章的标题必能搜索到相应网站的网页。因为在网络中，不只你一个人设计这个标题，所以一搜索便会出现很多相关的网页。

---

[1] 抓取识站：所谓抓取即搜索引擎收录了网页；识站即通过标题中关键词来判断识别网站属性。

事实上，通过搜索引擎能抓取到你的网页，主要原因是标题中的关键词起的作用。

我认为标题其实就是由一个关键词（字）或多个关键词组成的。

举例：你了解 V-ING 软营销吗？

针对这样一个标题分析如下：

营销是一个关键词；软营销是一个关键词；V-ING 营销是一个关键词；V-ING 软营销是一个关键词。

你了解 V-ING 软营销吗？这个"标题"本身也可以看做是一个关键词。

我们将在后文中阐述，如何通过标题设计让网站中的网页或软文所在的网页排在搜索引擎的首页！总之标题对搜索引擎而言有抓取识站的作用，就如同门牌号一般。

□第三，对读者而言有吸引力的作用。

如果标题没有很强的吸引力，就不能够吸引读者点击阅读，那么文章的撰写就毫无意义可言。简单来说，开了饭店但没人去吃饭，这生意怎么做呢？软文写了也投放了就是没人看，那一切心思就白费了，更谈不上什么销售呀、宣传呀、推广呀。

所以好的软文往往具有强有力的标题来吸引访客、聚焦读者，以达成软文的写作目的。

例如，广告大师乔治·葛里宾为箭牌衬衫所做的广告文案的标题——我的朋友乔·霍姆斯，他现在是一匹马了。

在网络上具有强有力的吸引力的标题就意味着能带来更多的点击量，无论是在门户网站上的标题，还是用搜索引擎搜出来的标题，尤其是参与竞价排名的标题，都是如此。这里可以引出一个问题：我们如何在不显眼的位置上以较低的竞价通过有效的标题设计来吸引流量？

□第四，对企业而言有宣传公司、传播理念、推广产品、创建品牌、树立形象的作用。

在传统的广告文案中，标题与标语各有侧重点。

标语可以用作标题，但标题不一定直接可以用作标语。

标题是放在广告文案最前面的起引导作用的简短语句；标语又称广告语是表达企业理念、产品特征、品牌定位或树立形象的，长期使用的宣传短句。

那么软文中的标题便带有标语的作用，大企业往往通过软文的形式，一篇又一篇的宣传公司的理念，介绍公司的产品，推广自己的品牌。

例如："凡客诚品——由互联网成就的服饰家居时尚用品品牌"，其直观地道出了该企业的服务定位和核心诉求。

□第五，加强关键词权重的作用。

在网页文本的设计中，从搜索引擎优化的角度来说，标题有加强关键词权重的作用。

<h>标签又称为标题标签，是所有权重标签中比较重要的一个。

一般文章的标题通常使用<h1>来表示。

如果有小标题，以<h2> <h3><h4><h5>的方式依次展示。当然标题标签在页面中所显示的效果是不同的。

□第六，标题还可起到过滤访客的作用，把那些看了也不会买的人过滤掉，把可能购买的人留下来读内文。

如何达到软文的精准投放，笔者认为除了选好媒介之外，通过标题的设计自然地过滤也是一种办法。

下面举例说明。

标题 1："整形双眼皮"——这篇文章显然是针对想要了解整形双眼皮的人写的，那么对想要整形其他部位或对整形不感兴趣的人来说，自然不会去点击。

标题 2："脸部整形手术"——这篇文章表明是脸部的整形手术，包括了鼻部整形、眼部整形、下巴嘴唇等部位的整形，有的甚至是整个脸部都要整形，故点击来看的人肯定是想了解脸部整形手术的人。对想了解胸部整形的人来说一般不会点击此文阅读。

那么我们该如何设计好标题呢？不忙，让我们先了解一下"标题进化史"，请看下面的内容。

# 标题进化史

约在 1200 年以前，史载唐朝已有宫廷报——邸报，但并未出现标题；宋代出现"朝报"，到了 16 世纪中叶，明朝允许民间自设报房，通称"京报"。

我国最早的报纸标题就是在"京报"上偶然出现的。

之后到了 19 世纪 70 年代，出现了一文一题的标注方法，国内最早采用这种标题的是由外国人办的中文报——上海新报。

标题的变革直到 20 世纪初，随着报纸行业的发展被再一次推动，出现了从单行单式题发展到有主题和辅助题相搭配的复式题。

上述资料是笔者整理自彭朝丞与王秀芬老师所写的《标题的制作艺术》一书。

然而随着时代的变迁，标题又将经历一次新的变革。

打开任一门户网站的首页，我们会发现花花绿绿、琳琅满目、一闪一闪亮晶晶的几乎全是标题，点一下进入页面——如果是频道栏目，打开之后你所见到的依然是大大小小、错落有致的带有下划线的或加粗或抹红加深的标题；如果是专题页面的话，也许会用跟频道栏目页面一样的形式，或许有新鲜的内容正等着你快餐式的阅读；如果是广告性标题，要么跳转到广告主的网站，要么是一个广告文案等，如图 8-3 所示。

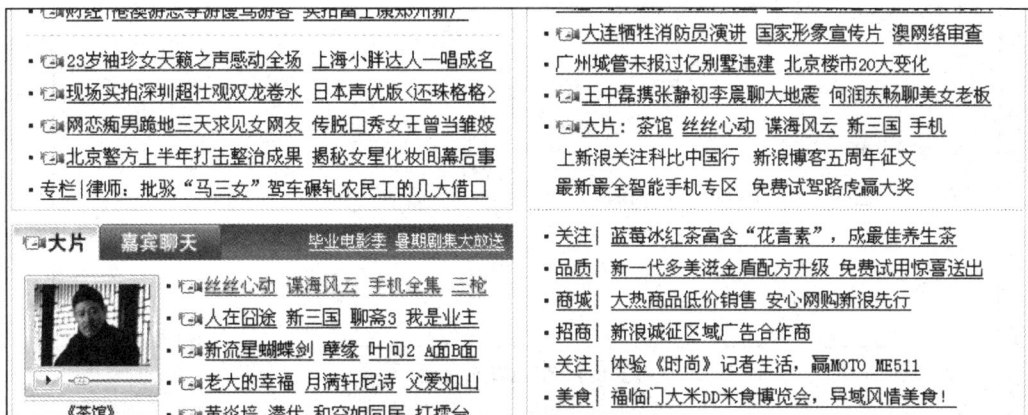

图 8-3　网页截图

今日之标题已非昨日之标题。

昨日标题的特点是养尊处优，黄花散地；

今日标题的特征是静若处子，动若脱兔。

昨日标题在横排竖排拖家带口中，滚滚吸金；

今日标题之文字链接，诱导点击，身价日高。

昨日标题讲究排版美观且吸引人；

今日标题讲究文本优化，易被搜索被点击。

总之今日标题之基本特征如下：

1. 可以被点击，具有动态效果。

2. 可以通过标题关键词被检索到。

3. 概念上有所扩展，除了指文章标题之外，还指网页 title（有时候网页标题与文章标题是同一个标题）。

4. 标题字数有所设定，例如从百度新闻页面我们发现一般标题的字数在 8～22 字左右。

5. 标题样式较为单调，一般以横标题为主。

从网络媒体的形态出发，网页中可点击的标题是不需要眉题、主题、副题的，如果一定要出现多半是在内容页面当中出现，尤其是新闻类文章。但是，随着网络技术设定及人们阅读习惯的改变，眉题、主题、副题可三位一体，最终只剩下一个标题。

通常在网站后台的信息发布中，或是在博客文章的编辑页面中出现，如图 8-4 和 8-5 所示。

图 8-4　信息发布页面

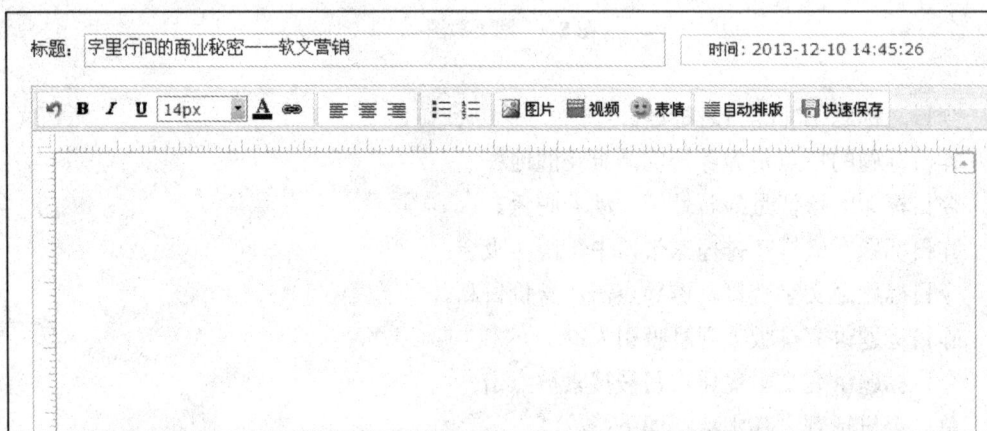

图 8-5　博文编辑页面

我们在后台能做的通常只是写一个标题，这是由技术的限制和网页的基本需求所决定的。

2012 年网络应用使用率排名前三的分别是：即时通信（82.9%）、搜索引擎（80.0%）、网络音乐（77.3%）。其实 2009 年的时候，搜索引擎的数据是 80.1%，而那个时候网络音乐是排在首位的。也就是说搜索引擎相当稳定，那么我们又是如何通过搜索引擎排名，使得我们的软文被检索到，并排在 10 位之首的呢？请看下面的内容。

# 如何撰写标题

这是一个很值得探讨的问题。

事实上所有的文案、广告、促销 POP[2]、宣传单、海报、报纸广告、杂志广告、招商广告、电子邮件、会展、新闻稿件、网站网页、书籍名称、签名、销售信函等都要用到标题。

国内外很多前辈在各个历史时期都撰写过文章或书籍来阐述如何撰写标题？那如何才能设计好标题呢？

记得邓拓老先生曾经说过："谁要是给我想出一个好标题，我就给他磕三个响头！"可见撰写标题之不易！

### □ 传统行业中的标题设计

我们先来了解一下广告学之父大卫·奥格威的广告标题设计准则。

1. 平均而论，标题比正文多 5 倍的阅读力，如在标题里未能畅所欲言，就等于浪费了 80% 的广告费。

2. 标题向消费者承诺其所能获得的利益，这个利益就是商品所具备的基本效果。

3. 要把最大的消息贯注于标题当中。

4. 标题里最好包括商品名称。

5. 唯有赋有魅力的标题，才能引导读者阅读副标题及正文。

6. 从推销而言，较长的标题比词不达意的短标题更有说服力。

7. 不要写强迫消费者研读本文后，才能了解整个广告内容的标题。

8. 不要写迷阵式的标题。

9. 使用适合于商品诉求对象的语调。

10. 使用情绪上、气氛上具有视觉冲击力的词语。如心肝、幸福的、爱、金钱、结婚、家庭、婴儿等。

要知道好标题激发的广告阅读率在 50%～90% 左右，烂标题的阅读率在 5%～20% 左右。一般性广告标题的阅读率在 20%～50% 左右。

另外，一个好的标题与一个烂的标题所获得的利润相差 21 倍！

由此可见，标题设计的价值！

这个在销售信函中最能体现出标题的重要性！

很多营销高手往往会三番五次地测试各个标题的经济效益后，才正式地将营销文案、销售信函或电子邮件推向市场。

据国外的研究表明：搜索者将 30% 的时间花在了标题上，43% 的时间花在了搜索结果的描述上，21% 的时间花在了查看 URL 上，作出一次点击决定的时间为 5.7 秒。

---

[2]　POP：Point Of Purchase 的缩写，意为"卖点广告"其主要商业用途是刺激引导消费和活跃卖场气氛。

《定位》的作者里斯·特劳特先生说："好名字是长期成功的最好保障。好名字不就是好的 title 吗？"

接下来我们再看一下素有狼的精神及鬼才称号的叶茂中老师的观点，笔者整理后总结如下。

1. 抓住消费者的眼睛

- 打得火热的男女也不会出汗，因为有××冷气机。
- 留下你的 10 元钱，也留下你的痔疮。
- 如果你没有看过鲨鱼的蛋，千万别让你的儿子跟你一样。
- 从我车里的后视镜打量我的对手，是我一直的习惯。
- 不要脸的时代过去了，××润肤水。

2. 精练清晰，一目了然

就像"留下你的 10 元钱，也留下你的痔疮"一样，突出了便宜有效，10 元钱就能搞定。这种药肯定还会有许多别的好处可以宣传，比如说无副作用、疗效快、使用方便等。但便宜有效是最重要的，所以标题中只说了这一点。千万别胡子、眉毛一把抓，到头来什么也抓不着。

3. 标题应该有针对性

就像前面说的那个痔疮药的广告标题，谁看了都知道是治痔疮的，有痔疮的人定会迫不及待地把广告看完。

4. 标题应该生活化一点

只有生活化的东西才容易引起人们的共鸣。举冷气机的标题为例，如果拿"今年夏天到西伯利亚去乘凉，因为有××冷气机"和"打得火热的男女也不会出汗，因为有××冷气机"相比，很明显后者更能打动人。

5. 标题应该通俗化一点

你说得越通俗就越容易跟看广告的普通老百姓沟通。"不要脸的时代过去了，××润肤水"就非常通俗、口语化，如果换成斯斯文文的一句"不注重容貌的时代过去了，××润肤水"，那真是不知打了多少折扣。

6. 标题应该人性化一点

人最软弱的地方就是情感，如果从人性的角度出发去触动人的情感往往最容易达到目的。"如果你没有看过鲨鱼的蛋，千万别让你的儿子跟你一样"就是迎合了父母爱孩子的天性，让天下的父母心为之所动，而且一次就卖出了两张票（大人一张，小孩一张）。

7. 标题应该形象化一点

"从我车里的后视镜打量我的对手，是我一直的习惯"就能形象地表现出"我"处于行业第一的地位，既未流于平淡又不离谱，非常形象，叫人一下子就能想得到。

8. 标题应该个性化一点

人们总是对不同寻常、有个性的东西感兴趣、好奇，没有个性的标题，往往易被取代，容易被人忘记。"留下你的 10 元钱，也留下你的痔疮"就是一句非常有个性的话，如果把它换成"请付给我 10 元钱，保管治好你的痔疮"，意思虽然一模一样，但却不知平淡了多少倍。

□ **网络媒体中的标题设计：12 种设计标题的技巧**

在大量的软文营销中，我们发现下列一些设计标题的技巧，有利于吸引眼球，增加点击量及提升转化率。虽说重点是网络媒体，但实际上各类媒体都可以。凡是眼到之处，便能通用。

1. 巧用符号如标点符号或特别的符号。

2. 精简原则，字数一般不超过 14 个字。

3. 带有数字的标题，醒目更容易被点击查看。

4. 在众多的中文标题中放入英文标题或带有英文单词的标题。

5. 适当提问。提问具有打破惯性，聚焦心念的作用。

6. 将焦点、视点、热点转化为标题。

7. 恰当地运用动词来表述。

8. 将搜索量大的关键词设计为标题。很多时候网民的问题就是关键词，它也是较为理想的标题。

9. 在标题中直接提到优惠折扣或免费等字样。

10. 揭露或揭秘网民熟悉却并不知情的内幕。

11. 与主题网页页面相匹配（文字链接到某网页）。

12. 如果可以将我们的标题色彩化，颜色也是能够吸引阅读的关键。

举例图示，如图 8-6 所示。

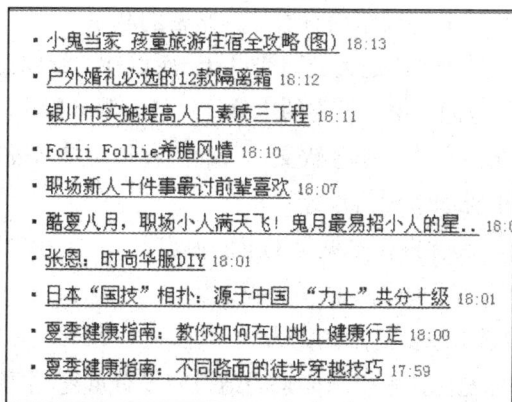

- 小鬼当家 孩童旅游住宿全攻略(图) 18:13
- 户外婚礼必选的12款隔离霜 18:12
- 银川市实施提高人口素质三工程 18:11
- Folli Follie希腊风情 18:10
- 职场新人十件事最讨前辈喜欢 18:07
- 酷夏八月，职场小人满天飞！鬼月最易招小人的星… 18:0
- 张恩：时尚华服DIY 18:01
- 日本"国技"相扑：源于中国 "力士"共分十级 18:01
- 夏季健康指南：教你如何在山地上健康行走 18:00
- 夏季健康指南：不同路面的徒步穿越技巧 17:59

图 8-6　示例图

对网页内容中的标题该如何处理呢？下面这 12 条原则助你编写网页内容中有用的标题。

一般在网站中我们通常会用 HTML 中的标签来标记文章标题，如<h1>heading text</h1>；<h2>heading text </h2>；<h1>是最大的标题，搜索引擎优化中权重最高，仅限用 1 次；而<h2>/<h3>/<h4>/<h5>/<h6>可以使用多次，<h6>是最小的标题。网页中 title 标题我们暂不讨论。

英国作家的金尼·罗德里克在《胜于言传》一书中介绍了以下 12 条原则来设计标题。

1. 首先用标题来概括文章大意。

2. 将用户的潜在问题作为标题。

3. 使用访客的语言作为标题。

4. 少用名词或名词短语作为标题。

5. 标题的层级关系一定要很明显。

6. 标题的层级不要过深，两级为宜。

7. 使用陈述方式，回答访客潜在的问题作为标题。

8. 充分利用排比的效果。

9. 使用行为短语作为操作指南中的标题。

10. 利用字号、颜色或粗体来区分标题和内容。

11. 使用业内链接帮助用户跳转到所需的主题页面。

12. 评估！多次阅读你的标题看看其表达的含义。

笔者深信网络软文将成为软文营销的主体，故而列举了上述在网页内容设计中的撰写原则，仅供大家参考。

另外，我总结出如下营销方式中的一些设计标题的技巧以供参考。

□针对搜索引擎的标题设计

搜索引擎的标题设计与关键词布局有着非常紧密的联系。

事实上，标题设计归根到底还是关键词的设计，所以软文标题设计首先考虑的依然是关键词，之后才考虑其他方面。由于软文的主体（主题）内容各异，有的是专题栏目当中的软文，有的是新闻软文，有的是博客软文，有的纯粹是为排名设计的软文等。

那么针对搜索引擎的标题该如何设计呢？

1. 做好关键词设计。具体操作参见第七章的内容。

2. 标题必须原创且含有已经确定的关键词。

3. 标题必须通过搜索引擎检测后确定为唯一性。

所谓唯一性就是指标题在搜索引擎检索的结果中没有重复，主要表现为 title 中没有红色的标题与你搜索框中的内容一模一样。

4. 标题长度一般不少于 14 个汉字。

如果你投放到某个门户网站时，网络编辑另有要求的除外。我们发现很多编辑一般要求标题要长一些，大致是 18～22 个汉字，但最长不要超过 30 个汉字，因为太长了也无法在搜索引擎中正常显示。

5. 最好将软文标题设计在网页 title 中的，用<h1>标题</h1>设定，以便于搜索引擎进行检索。

6. 使用粗体字、斜体字强调过的标题能让软文更容易被搜索到。

**□ 针对邮件营销的标题设计**

邮件营销的首要目的是吸引目标客户进行点击，唯有点击才会阅读邮件内容。换句话说，再好的邮件文案设计，倘若都没有客户阅读，那一切都是白搭，所以必须明确目标，这个跟电话营销有点相似。一般情况下，电话营销的首要目标不是成交而是见面或约到客户，也就是说在找到我们的目标客户之前要无情地过滤名单。

**□ 那么我们该如何做好邮件营销的标题设计呢？**

1. 标题字符一般控制在 30～40 个左右。

2. 标题里最好不要运用标点符号，甚至句号也可以省略，尤其是不要用感叹号，否则很有可能会导致邮件被过滤掉。

3. 避免在邮件中提到免费、促销等诸如此类的字眼，因为多半会被以垃圾邮件的方式过滤掉。一般用问题导向比较安全，比如：如何减肥更有效？如何招聘更省力更省钱？为什么她 23 岁就成了百万富翁呢？你知道面试成功的 11 个细节吗？等等。

之前，我们也投放过类似的标题，但效果各异。在此需提醒读者的是，在具体的实施过程中，具体情况要具体分析。

4. 标题要明确反映邮件的内容，以消费者或客户所能获得的好处为导向。

他们需要什么？你就直接说明什么？如果你的目标客户群是考研的大学生，那你的标题就可以设计为"承诺：考研通不过，学费全不要"；如果你是面向减肥群体的，那么我们可以设计为："30 天减肥 30 斤，ABC 健身俱乐部可以做到"。

5. 用名人推荐的方式。比如现在很多人都喜欢吃燕窝，那我们如果是一家燕窝网店，邮件标题可设计为："你知道刘德华最喜欢吃什么吗？"或者是"揭秘：谢霆锋的爸爸养生之谜。"

6. 直接以促销的方式，尤其是以折扣来表明。如儿童套装，一律 3 折，到 2013 年 6 月 3 日止；iPad 促销总动员，降价 55%，优惠至本周三。

7. 提供一种解决方案。必须事前了解到你的目标消费者潜在的、最需要解决的问题是什么？然后以解决方案的方式形成标题。如让业绩提升 3 倍的 12 种方法；200 个你必须要知道的营销工具；夏季护肤要注意的 9 个细节。

考虑到现在大家接收到的垃圾邮件实在太多，所以我们一定要在不断测试效果后进行投放。主要测试的就是标题的效果，这个很重要。

**□ 针对淘宝网店的标题设计**

我们知道在淘宝店铺中标题设计的作用如下：

1. 有助于提升网店宝贝中的关键词排名。

2. 有助于提升网店直通车商品的点击率。

3. 有助于提升网店宝贝的点击转换化率。

通过了解淘宝网店标题的作用，我们该如何设计好店铺标题呢？

淘宝店铺，宝贝如海，搜一搜如数家珍，望一眼心潮澎湃。对于买家而言，其第一眼往往看到的是宝贝的标题，所以针对淘宝网店设计标题的要求如下：

1. 差异化。所谓差异化就是在一堆一堆的图片当中，放眼望去第一眼就能把你要的宝贝给揪出来，那就对了。

2. 数据化。所谓数据化就是通过淘宝现有的数据软件来分析关键词，找到热词且设计在标题当中。可以设计两个标题，通过测试后选择点击率高的标题作为推广标题。

3. 给力化。所谓给力化就是在标题设计当中通过利益诱导买家，以市场最低价来吸引点击。

4. 规范化。所谓规范化就是要满足淘宝店内的游戏规则。如直通车当中推广标题只能有 40 个字符（20 个汉字），那多余的自然就不能被显示出来。所以我们在有限的字符当中尽可能地要将宝贝属性与特征描述清楚，如图 8-7 所示（本图来自网络）。

| 标题分析 | 点击数 | 原因 |
|---|---|---|
| 梦想家落地窗（色彩图） | 111790 | 色彩浓烈+落地窗美图诱惑 |
| 省钱！淘友90平小窝 全宜家+N多淘宝货 | 100293 | 省钱 小窝 宜家 淘宝货 |
| 2W5焕新65平（田园图） | 98071 | 色彩浓烈 焕新 |
| Sissi的65平小家 附网购小物店家 | 97862 | 网购小物 店家 |
| 超多明星奢华豪宅曝光 简直太奢华 | 57073 | 明星+豪宅 |
| 5000DIY140平安逸窝 或有才 | 47726 | 省钱 |
| 2010年宜家最新样板房 | 42887 | 宜家 |
| 绝美混搭风 旧房改造家变大啦！ | 35258 | 色彩浓艳的整体客厅图+旧房改造 |
| 小敏的公主屋 57平粉嫩田园 | 39062 | 色彩浓艳+57平+田园 |
| 美的像样板 DIY68平小资田园 | 36662 | 色彩浓艳+样板+68平+小资 |
| 超赞超实用！我的上海73平五口之家！ | 51861 | 地域+73平五口家 |
| 淘宝最小的蜗居 20平简约田园+淘宝清单 | 40915 | 20平+淘宝清单+田园+简约 |
| 172平极简奢华风尚美家 海量图 | 96738 | 海量图+奢华视觉享受 |
| 淘宝最热卖26款绝美灯具！ | 39416 | 专题集中贴（后序引导PV翻10倍） |

图 8-7  网页标题分析

**□传统平面媒体中的标题设计**

平面媒体中的标题设计，主要以广告文案、新闻软文、公关软文为主。

在传统的广告文案设计中，一般将标题分类为新闻式标题、承诺式标题、悬念式标题、问答式标题、对比式标题等。

此分类方法主要是从文案的设计角度出发，但是从一个初学者来说，或者从实际应用的角度来看，只需要问几个问题即可。

问题 1：本文案的主要目的是什么？

问题 2：我们要给谁看？

问题 3：我们将要在哪里投放？

问题 4：什么样的主题内容更有效？

问题 5：什么样的标题形式是最适合的？

所以笔者认为在平面媒体中应当回答好上述 5 个问题后再设计标题，标题应当是最后设计的。当然在设计标题时，可以参考上述的技巧或方法，另外乐剑峰老师在《广告文案》一书中提出了以下两大禁区。

1. 禁区 1，不要把标题写得太短，观点不清会让人读后满头雾水；不要写"死标题"，辞藻华丽但言之无物；不要为了宣扬机智，而放弃清晰的信息点；不要尝试没有标题的广告。

2. 禁区 2：《中华人民共和国广告法》及相关的法规对广告标题有着相应的规定：不得使用国家级最高、最佳的用语；广告不得贬低其他经营者的商品或服务；药品、医疗器械广告不得含有不科学的表示功效的断言或保证、说明治愈率或有效率；食品、酒类、化妆品广告不得使用医疗用语或易与药品混淆的用语。

**□设计软文标题的五大要素**

1. 为何而写？

你要写什么？你从什么角度来写？从什么点切入？你写的目的是为了什么？想达到什么样的效果？

2. 写给谁看？

你是写给人看的，还是搜索引擎爬虫看的？你是写给顾客看的，还是潜在顾客看的？或是写给公众看的网络软文？等等。

3. 在哪投放？

在自己网站还是其他网站？是大型的综合性门户网站还是区域性或垂直型门户网站？是选择免费的还是付费的？是深度发展的还是广度拓展的？

4. 吸引力如何？

标题是否新颖？是否一目了然？是否有点击的欲望？

5. 关键词设计。

关键词设计的是否巧妙？关键词的检索量如何？关键词的竞争力如何？关键词是否有价值？

各位，宣传单或推销信中 80%的效果是由标题所决定的，剩余 20%的成功几率则是由其内容所决定的。

当然你也可以从以下几个方面来考虑：

1. 访客。

2. 潜在客户。

3. 吸引力。

4. 投放站点的情况及投放人群。

5. 写作目的。

6. 写作主题。

7. 关键词的布局。

□如何判断标题的有效性——A/B 测试法

A/B 测试法或叫 A/B 分割是一种比较简单的测试方法。

把客户分为两部分，将标题通过邮件的形式发给客户，要衡量标题的有效性就是要比较这两部分客户的邮件的打开率。打开率较高的就可以成为参考点，然后用它来检测另外一个标题，直到找到最佳标题。

还可以通过选好几个论坛，设定好单位时间，最后看点击量来判断哪个标题更具有吸引力，能获得更多的点击量；如果有做搜索引擎竞价排名的也可以通过设计标题（title）来衡量标题的效果，主要是看不同的标题点击同一个 URL 的数量，被点击得多的标题就说明更能吸引搜索者的注意力，相比较而言效果会更好。

# 免费赠送：18个可以赚钱的标题公式

1. 他们觉得我做不成_____，但是我最后成功了。

当我在钢琴前面坐下来的时候，他们就开始发笑，但是当我开始弹奏的时候，他们就不再笑了。这个在广告史上是一个非常经典的标题，值得参考。

2. 还有谁想要_____？

还有谁想要一个影视明星的画像？

还有谁每天需要额外的 1 个小时？

还有谁想要雅思、托福、GRE 的学习资料？

3. _____是如何使我_____。

一个简单的点子是如何让我成为"年度公司经理"的。

迁往成都是如何为我们公司省下 100 万元钱的。

4. 你是不是（有没有）_____？

你有没有为你的房间发出气味而感到不好意思呢？

你是不是比你的老板要聪明？

5. 我是如何_____。

我是如何从失败中奋起，进而走向成功的？

我是如何在 40 岁的时候全身而退的——手中握有足以维持下半生生活的财富的。

我是如何将一个问题企业变成我个人财富的？

我是如何保养自己的皮肤的？

6. 如何_____？

如何赢得朋友并且影响他人？

如何提高电话销售的效率？

对于金融危机，我们该如何走出困境呢？

对于经济萧条我们该如何找一份好工作呢？

7. 如果你是_____的话，你就能_____样。

如果你具有公众演讲的能力，你就能在一个礼拜之内赚到 2 万元人民币。

8. _____的秘诀。

快速健康减肥的秘诀或是生活中可以省钱的 8 个秘诀。

9. 现在有成百上千的人_____尽管他们_____。

现在有成百上千的人玩这种游戏，尽管他们的手指非常的不灵活。

有 200 万人的健康和这个观点有关，尽管他们嘲笑这个观点。

10. 警告：_____。

警告：你的公司防火墙好像是用卫生纸做成的，我们有 9 种方法可以帮助你。

11. 给我_____我就_____。

给我 5 天时间，我就能向你展示一个有吸引力的个性。

12. _____事中_____的方法。

17 种大大降低你的设备维修成本的方法。

13. 揭秘什么或某人应该知道的秘密，揭露或披露什么网民感兴趣的内幕。

揭秘地产首富许家印当过司机、保安、掏粪工。

14. 给_____人的建议。

给那些将要养狗的人的建议。

此类标题具有很强的针对性，有利于精准营销、过滤读者、提升转化率。

15. 史上最牛的_____。

史上最牛的钉子户。

史上最牛的书记。

史上最牛的团购。

史上最牛的球员。

此类标题非常容易吸引眼球。

16. 不可思议！

不可思议！5000元打造36平方米梦幻韩式田园家居环境。

不可思议！迪兰恒进推出12接口的5970显卡。

17. 免费赠送_____。

这个时代当免费成为一种模式的时候，总是吸引着众人的眼球。

注册会员，免费赠送世博会门票！

免费索取微软企业决策绝密资料！

100%免费赠送国际大品牌化妆品试用装！

18. 千万不要做_____事。

笔者多年前一篇文章的标题是"千万不要为了当老板而去创业"，结果在阿里巴巴博客点击量飙升！瞬间便排在了首位，如图8-8和图8-9所示。

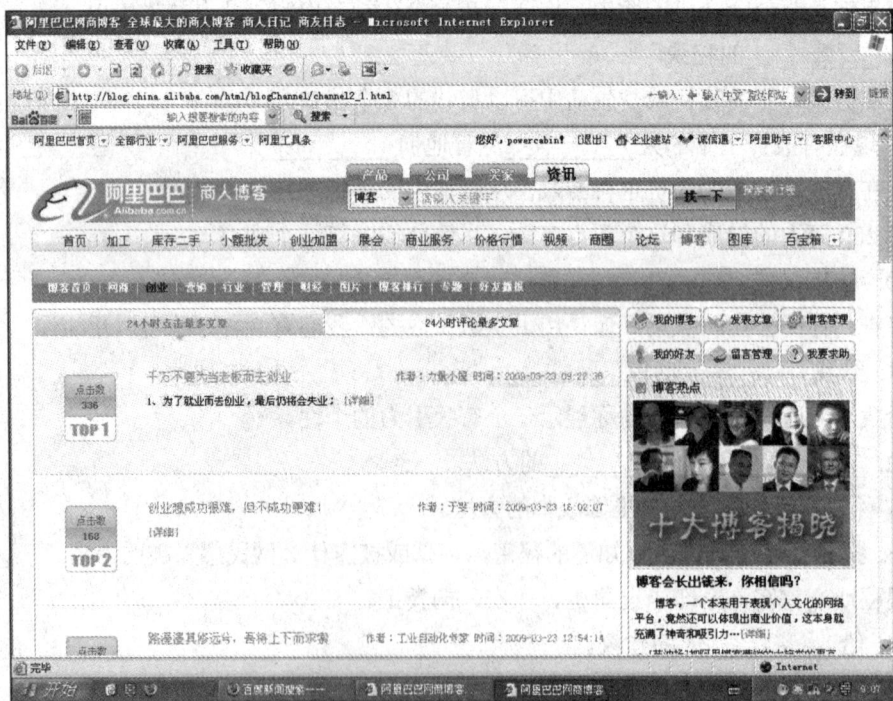

图8-8　标题示例页面截图1

图 8-9 标题示例页面截图 2

# 第九章

# 故事在软文营销中的价值

故事营销是世界上最流行的品牌模式。

——著名品牌营销专家　李光斗

## 故事的力量

在《谁有故事谁就胜出》一书中写道：

《达·芬奇密码》不过是一个故事，但这个故事却开创了一个行业。产品包括一部电影、众多的书籍、挂钟、T恤衫、音乐CD、旅游、假期、旅行指南、游戏卡、视频游戏、填数字游戏、珠宝、饮食指南和色情文学，显然包括你能想到的任何能贴上"达·芬奇"的标签产品。在第一部平装本付印之前，数百万本精装本已经销售一空；这个故事的电影在全球开幕式票房达到了2.24亿美元。达·芬奇"产业"的价值最终会达到7.5～10亿美元左右。

这就是故事的力量！事实上这样成功的故事还有很多。比如卖鱼卖到全世界，举世闻名的"帕克鱼铺"的故事。

帕克鱼铺是在老板负债累累的情况下起死回生的，正所谓否极泰来之后，才逐步走上并实现将鱼卖到全世界的宏伟目标的。虽然老板在岳母的救济下才挽救了自己的鱼铺，但是一颗"举世闻名"的心依然蓬勃跳动，老板下定决心成为举世闻名的帕克鱼铺之后，从一个小小的、不起眼的鱼铺，摇身一变，成了一个提供顾客一流服务的企业。"把鱼卖出去"不再是工作唯一的重心。当这个经营游戏超越获利的层次，以一个更远大的志向为目标时，企业衡量员工价值的标准，就不再只是"能不能帮我赚钱"，而是"能不能提供顾客至上的服务"。基于这样的愿景，"卖鱼"不再是鱼铺的目标，而是如何达到目标的方法；卖鱼给我们一个机会，能够将"举世闻名"的影响力带给全世界！

就在老板约翰与伙伴们设定愿景后不久，友好运动会（Goodwill Games）在西雅图举行。来自中国、日本、扎伊尔共和国、俄国、德国等世界各国的摄影师和记者群都到西雅图来采访，这些记者们在看到他们工作的情形后，纷纷把镜头对准他们。群众看鱼贩把鱼抛来抛去很开心，原本混乱的市场顿时变成了欢乐的游园，整个世界都在欣赏着鱼贩们的表演。结果，他们一分钱也没花，为帕克鱼铺做了非常好的活广告——成天玩着抛鱼游戏的欢乐鱼贩，随着媒体的拍摄与报道，流传开来。

好事接踵而至，在"友好运动会"过后不久，一名电影制片商来找他们，他说在运动会期间，他从电视上看到帕克鱼铺，想邀请三位鱼贩在威鲸闯天关（Free Willy）这部电影中表演抛鱼。之后，美国国家广播公司"早安美国"节目也与他们联络，表示想要实况转播帕克鱼铺的工作情形。帕克鱼铺的鱼贩们也以"举世闻名"的态度来认真对待了这件事，凌晨4:00就来到鱼铺开始布置，希望把最好的一面呈现给观众朋友们。

2000年3月，由史帝芬·蓝丁博士、海图屋的约翰·柯里斯坦森及哈利·保罗共同执笔的《如鱼得水》一书出版了。这是一个虚构的故事，故事的灵感来自举世闻名的帕克鱼铺，内容是讲述一名经理如何改造一个呆板、无趣的工作场所。

这本书的销售量超过1 500 000万本，其不但登上了各主要畅销书排行榜，包括：《华尔街日报》《今日美国》《纽约时报》《商业周刊》《出版人周刊》以及亚马逊网络书店，而且还荣登日本、德国、西班牙、韩国等各国的亚马逊网络书店前100位畅销书的榜首。这本书还被翻译成34种语言在许多国家出版。

2002年，续集《如鱼得水：实战篇》问世；2003年，《如鱼得水之寿司屋哲学》也跟着上市。这3本书都受到读者的喜爱，缔造了辉煌的销售业绩。

不仅如此，《如鱼得水》（Fish!）及《如鱼得水之寿司屋哲学》（Fish! Sticks）。现在已经成为最畅销的企业培训教材，还被翻译成13种语言。

全美第二大的网络供货商Sprint、全球连锁的Marriott酒店、福特汽车、松下集团以及其他成千上万的公司都在学习着这个"举世闻名的卖鱼故事"。

美国人很厉害，单单靠"哈利波特"系列电影在全球就疯狂攫取了4 500 000 000美元的票房，此外其DVD的销售收入也达到了2 700 000 000美元。2001年系列电影的第一部上映后，相关授权项目也为华纳兄弟带来了数十亿美元的收入。而《哈利波特》的作者英国女作家乔安妮·凯瑟琳·罗琳也因创作《哈利波特》系列小说而成为英国十大女富豪，要知道之前她是靠领取失业救济金过日子的。《哈利波特》系列小说被译成七十多种语言，在两百多个国家累计销量达350 000 000册。

我们会发现"故事的力量及其商业价值"往往在动漫领域较为常见，如我国的《喜羊羊与灰太狼》的故事，以下是来自《证券日报》的报道。

《喜洋洋与灰太狼》是讲述发生在绿色草原上狼与羊斗智斗勇的故事，争斗的结果都是以灰太狼的阴谋不能得逞而终结，这部看似充满争斗的动漫剧却充满诙谐与幽默，受到了广大少年儿童的喜爱，以至于看似并不起眼的灰太狼的风头"盖过"了一线影星孙红雷的表演。

据统计《喜洋洋与灰太狼》各地的收视率能达到10%以上，播出集数超过500集，电影《喜羊羊与灰太狼之牛气冲天》首轮票房就达到了80 000 000元人民币。随着电影、电视剧的热播，该剧获得了巨大的经济效益和品牌效益，剧中的动漫形象衍生产品迅速上市，充斥着大街小巷，品种数达十多种。该动画片市场价值已超过了10个亿，创造了中国动漫史上的商业神话，也创造出国产动画前所未有的价值。

越来越成熟的动漫市场往往都是靠一个精彩的故事起家的，从漫画入手到动画开播，到网络游戏到动漫周边产品（品牌授权），一个成功的动漫故事其生命力之强往往可以达数年甚至数十年，如80后一直喜欢的经典动画片有《圣斗士星矢》《高达》《火影忍者》《猫和老鼠》《美少女战士》《变形金刚》等。有的卡通片甚至比我们的年龄还要大，令人赞叹的是其卡通形象绝对不会因为时间的流逝而减弱，明星们会老去但卡通明星们不会，所以动漫市场的潜力极其巨大，日本甚至将它上升到国家外交"轻武器"的高度。

# 故事之营销

"如今，世界上最轻松的赚钱方式是什么？在家编故事；出门讲故事；见人卖故事。"

这句话摘自李光斗老师写的《故事营销》一书，他认为故事营销是世界上最流行的品牌模式！

故事是抢占人心最有效、最持久的工具，故事具有传奇性、曲折性、冲突性、戏剧性、传播性、传承性，这是一个民族、一个家族、一个国家、一个企业的"根"，也是抓住人心的一把"钩子"。

《催眠推销法》的作者乔·维托博士说："除非你能杜撰出一个故事、一种设计方法或一种安排方式，否则你无法进入客户的头脑中，无法打动他。"

我们可以简单的说故事营销极其有利于差异化营销，在产品同质化的今天，在这个信息大爆炸的年代，要想让消费者记住你，占有消费者，通过一个又一个的故事来传播品牌、打动消费者、增强记忆点、提升品牌认知度，诚如李光斗老师所言："故事营销是世界上最流行的品牌模式。"

《传奇品牌》一书的作者劳伦斯·维森特说过："故事是一种消费品，有着广泛的需求，故事一旦消失，我们的国内生产总值将会下降1/4，同时因为每天不必在故事上花费几个小时，我们将有许多时间无事可做。"

笔者认为故事在软文营销中的运用，主要有以下几个方面：

1. 品牌（产品）的故事。

2. 企业家的故事。

3. 消费者的故事。

4. 企业活动的故事。

### □品牌故事

1. 王老吉的故事

凉茶始祖王老吉，发明于清朝道光年间，至今已有185年的历史。

在185年的发展中，诸多历史人物与其颇有渊源。

慈禧太后借助"王老吉"养颜益智，把持朝政。

洪秀全广州巡视，突发奇病，幸得"王老吉"救命。

你知道吗？林则徐曾经特别在一个大铜壶上刻了三个金字"王老吉"。当年广州禁烟，林则徐不知何故？患了风寒感冒，随行的医生却无良方医治，怎么办？林则徐听说附近有"王老吉"分店，便微服出巡，仅一剂感冒便愈。

梁启超赴美考察期间所写的《新大陆游记》中说："西人有华医者，故业此常，足以致富。有所谓王老吉凉茶，在广东每帖铜钱二文，售诸西人5～10美元不等云，他可类推。"

原来百年前"王老吉"就已经进入美国市场了！

1828年广东鹤山人王泽邦（乳名王吉）创设了王老吉。

据说道光年间，广州瘴疠蔓延，王泽邦为挽救众生，上山采药。

有幸偶遇一"山中道人"，赐予秘方，回家后学华佗以身试药，研制出一种凉茶秘方。这种凉茶不仅解除了乡民的病痛，也帮助乡民躲过了天花、疫症等灾难。从此王泽邦名声大振，还被道光皇帝封为太医院院令，民间称他为药侠。

以上笔者从历史的角度谈了王老吉品牌的故事，事实上更多的人是通过2008年汶川地震才认识了"王老吉"。该企业捐了1亿元人民币，真不愧是"药侠"。当然，那时的一篇名为"封杀王老吉"的帖子亦是功不可没的。

2. 可口可乐的故事

法国一家报纸曾报道过，世界上有三个秘密是为世人所不知道的：那就是英国女王的财富、巴西球星罗纳尔多的体重和可口可乐的配方。

可口可乐的配方自1886年在美国亚特兰大诞生以来，已保密达127年之久。

可口可乐公司的元老罗伯特·伍德拉夫早在1923年时就把保护配方作为首要任务。当时，可口可乐公司向公众播放了将这一饮料的发明者约翰·潘伯顿的手稿藏在银行保险库中的整个过程，同时表明如果谁要查询这一配方必须先提出申请，经由信托公司董事会批准，才能在有官员在场的情况下，在指定的时间打开。

此举，就像一块宝玉扔进了平静的湖面上兴起了层层波澜，令可口可乐公司在一夜之间让全美妇孺皆知。

1941 年 12 月 7 日，日本偷袭珍珠港后，美国宣战。罗伯特·伍德拉夫立刻宣称："无论美军所到何处，可口可乐公司将会在当地以每杯 5 美分的价格供应可口可乐。"他在《战争期间最大限度的努力与休息的重要性》的小册子中这样写道：在冒着生命危险的战场上，必须要有规律的休息，为此不可一日无可口可乐。就年轻的美国士兵来说，可口可乐是军需物资，其重要性不亚于枪炮子弹。

漂泊在外，思乡心切。对于打仗的士兵来说，人在沙场，生死未卜。

喝一口可乐，望一眼家乡，看着泛黄的黑白照片，手总是微微颤抖……

可口可乐就这样成了他们的精神支柱，激发了美国士兵的士气，同时也紧紧抓住了每一个士兵的心。

"二战"后罗伯·斯哥特上校在自己的畅销书中写道："美国与民主、火腿、汉堡包、可口可乐……"，可口可乐已经成为美国文化的一部分，

其标志和瓶形都是美国文化的代表，正如沃伦·巴菲特所说："我酷爱喝可口可乐及吃汉堡。"

但是后来不知何故？可口可乐公司鬼使神差地竟然决定推出新产品，进行口味改良。于是在 1985 年的时候，可口可乐公司废除了老配方，并在大肆宣传的情况下推出一种新配方。岂料，忠实的消费者们以示威游行的方式反对可口可乐公司废除老配方，上市后的一个月，每天接到 5000 个抗议电话，仅仅三个月的时间，可口可乐公司在消费者的愤怒反映中屈服，重新改用老配方。

美国《纽约时报》曾称可口可乐修改配方是美国商界 100 年来最重大的失误之一，可见可口可乐在美国人民心目中的地位。

在可口可乐这个品牌故事中值得一提的是，罗伯特·伍德拉夫印刷分发的这本小册子《战争期间最大限度的努力与休息的重要性》，标题中并没有涉及可口可乐，整本小册子也不是为了推广可口可乐，但是就是从那一刻开始，可口可乐逐步成为美国文化的一部分。

我们从文化的角度来阐述可口可乐的故事，我们也可以从可口可乐的品牌价值来叙述它，正如可口可乐的一位总裁所说的话："即使我的工厂被大火烧毁，即使遭到世界金融风暴的侵袭，但只要给我留下可口可乐的配方，我还能东山再起，还能重新开始，因为可口可乐有品牌作用。"

你知道吗？2009 年度发布的全球最具价值品牌 100 强中，可口可乐以 68 700 000 000 美元的品牌价值位居榜首！

□企业家的故事

1. 李嘉诚的故事

李嘉诚，诚者，自成也！

李嘉诚，世界华人首富；

在全球拥有约 250 000 名员工；

其集团业务遍及全球 54 个国家；

海上有 13% 的集装箱在其港口内运载；

其控股的赫斯基能源每日产出 344 000 桶石油；

散布在中、法、英、俄的消费者出入于其 7500 家零售店；

全球有超过 13 500 000 人在使用他所经营的 3G 移动电话网络；

这是一个华人世界所罕见的、业务庞杂且高度国际化的商业帝国。

而这个帝国正是从生产塑胶花开始的——

创业伊始，有一位外商欲大量订货。

所谓小心驶得万年船，尤其是在尔虞我诈的商界，所以外商为确定李嘉诚是否有供货能力，提出必须要由富裕的厂家或银行作为担保。但是，向亲友筹借了 50 000 元港币创业的李嘉诚，守着一家新生的塑胶厂跑遍了全香港，磨破了嘴皮子，依然没人愿意为他作担保。

怎么办？李嘉诚只得对外商坦诚相告。

没想到外商一听，嘴角微微上扬且高兴地说："从你坦言中可以看出，你是一位诚实君子。诚信乃做人之道，亦是经营之本，不必其他厂商作担保了，我们可以合作，甚至可以立刻签约。"

更没想到的是李嘉诚拒绝了对方的好意，他对外商说："先生，能受到如此信任，我感到不胜荣幸！可是，因为资金有限，一时无法完成您这么多的订货。所以，我还是很遗憾地不能与你签约。"

外商一听顿时愣住了，心想："没想到呀没想到，所谓的无商不奸，无奸不商；现在竟然还有这样一位'出淤泥而不染'的诚实商人，好！就这么定了。"

他对李嘉诚说："你是一个值得信赖的人。为此，我先预付货款，以便为你扩大生产提供资金。"

就这样在外商的鼎力相助下，李嘉诚在扩大了生产规模的同时，又拓宽了销路。由此一步一步地走上了塑胶花大王之路。

李嘉诚自己也曾讲过一个故事——

那是在 20 世纪 50 年代，我刚做塑胶花的时候，常在皇后大道中看到一个行乞的老妇人，四五十岁，很斯文的样子。她从不伸手要钱，但我每次都给她钱。

一天，我问她会不会卖报纸，她说有同乡干这行，我便让她带同乡来见我，我想帮她做这小生意。

在约好的那天，有个客户刚好要到我工厂参观。客户至上，我必须接待。交谈中，我突然说："对不起，"便匆忙离开。客人以为我上洗手间，其实我跑出工厂，开车直奔约定地点。途中，违反交通规则的事差不多全做了，但好在没有失约。见到那妇人和她的同乡，问了一些问题之后我就把钱交给她了。

她问我姓名，我没说，只要她答应我一件事，就是要努力工作，不要再让我看见她在香港任何地方伸手向人要钱。事后，我又立即开车赶回工厂，客户着急地对我说："为什么在洗手间里找不到你。"我笑一笑，这事就过去了。

### 2. 司景国的故事

司景国，2007 年度淘宝网十大网商之一。

1000 元起家 1 年内成为百万富翁。他是如何做到的呢？

司景国原来是一名海军上校，做的是军舰航模的生意，在他注册了阿里巴巴之后便发现单单在网络上打广告还是不行，于是便在论坛上注册了"上校舰长"的 ID，以短短82 天的时间便在阿里巴巴商人社区发帖 523 篇，成为轻工工艺版版主。

这么高的活跃度自然会引起广大商家的注意，后来司景国还被请到了杭州阿里巴巴总部，谈到了组建船模小联盟的事。没想到一发而不可收，在网上组建的手工船模小联盟初获成效，仅 8 个月的时间小联盟里的 5 个中小企业，互相推荐和委托的业务收入就达到了 8 380 000 元。

司景国就是这样不断地讲述自己故事的，从起初如何实现女儿的愿望而开始创业，到当了版主的感受再到后来当客户采购 1 000 000 元的模型时竟然没有讨价还价，客户说："你的爱心和对女儿的疼爱让我很感动，你做事的认真态度也让我放心，你的博客我反复看了，我信任你。"

这是故事营销、博客营销与论坛营销相结合所带来的营销效益。

故事实际上是一种策略，真实的故事最能够打动人心。故事很难被复制，深入人心的故事，也会将博主或网商所经营的产品或服务注入网民读者的记忆之中。这就是故事的魅力。

### 3. 奥普拉·温弗瑞的故事

负责 Kindle 阅读器销售的主管们正日益发愁，因为在亚马逊如此巨大的营销平台上，他们依然竞争不过索尼电子书和伊利亚特 iRex 阅读器，该怎么办？

可奇怪的是该产品在当年第 4 季度迅速攀升至二十五万多件，尽管这一年的整体购物情况是非常惨淡的——值得注意的是竟然有很多女性争相抢购，通过进一步调查发现，她们都是奥普拉的粉丝！

事情原来是这样的，2008 年 10 月奥普拉在使用了亚马逊 Kindle 电子阅读器后赞不绝口，说它具有"改变生活"的意义，是她"最喜欢的设备"。

就这样一句简单的话，轻易打败了索尼和伊利亚特的产品。

奥普拉对产品的评论具有点石成金的作用，只要她振臂一挥，马上就能成为热门时尚。据说她对巴拉克·奥巴马的支持，也导致了后者平步青云最终坐上了总统宝座。

在美国这种现象被称为"奥普拉现象"，那么奥普拉到底是一个什么样的人呢？

奥普拉·温弗瑞，是一位美国尽人皆知的人物，一位能打动人心的魅力女郎，同时也是一位具有传奇人生和颇受争议的美国黑人女性。

她出生于美国密西西比州一个偏僻的小镇，凭借着其非凡的个人魅力，在访谈电视节目中脱颖而出，赢得了美国和世界亿万电视观众的心。她不仅是著名的电视节目主持人、娱乐界明星、商场女强人还是慈善活动家，是美国最便捷、最诚实的精神病医生，是美国的亿万富婆。根据 2004 年的福布斯杂志称奥普拉身家超过 1 000 000 000 美金。

但她却有着满目疮痍的过去——痛苦与悲伤充满了她的童年与少年时期。1963 年她与母亲在密尔沃基居住时，曾被表兄强奸，并成为其他性侵犯者的牺牲品，后来生下一女婴不幸夭折。奥普拉曾面对 33 000 000 名观众坦承了自己那段不光彩的历史：吸毒，堕胎。

奥普拉的生父曾对她说："有些人让事情发生，有些人看着事情发生，有些人连发生什么事情都不知道。"于是极度空虚的奥普拉想知道自己生命中究竟会有什么事情发生。

她一步一步从谷底爬出，终于迎来了新千年的曙光。

在 2000 年哈普集团开始发行一本名为《O》的杂志，据杂志的主编讲："在杂志付印前，奥普拉会仔细阅读每一个字，彻底检查每一张图片。没有节目的时候，她就一直待在办公室的计算机前，她可以从周一下午 15:00 一直干到周四晚上 20:00，再搭上周五一整天，就连一个标点符号也不放过。"结果仅用了一年时间，杂志的月发行量就达到了 2 500 000 册，而以往最成功的杂志也要 5 年才能卖到这个数量。哈普集团已成为一个实力不俗的媒体帝国。

我们再来看下面一个起先是消费者自己讲述的故事，后来赛百味公司抓住机会进行了一次低成本的宣传。

### □消费者的故事

贾里德·福格尔的故事

20 世纪 90 年代后期，赛百味发起一场关于三明治健康性的运动。该运动是基于这样一个统计：7 个三明治的脂肪含量低于 6 克。就统计来看，减少脂肪含量同时也能减少人体对有害物质的吸收了。

但"7 小于 6"并没有始终成为赛百味广告运动的主题，其将焦点聚在了一个叫贾里德·福格尔的大学生身上。

贾里德，体重 193 千克。他穿尺码为超大号的 T 恤，他短裤的腰围是 152.4 厘米，显然绝大多数衣服都要如同姚明一样需经特殊定制才行。

贾里德的父亲是一名家庭医生，他不断地告诫他的儿子要减肥，但是毫无成效。

一天，贾里德的一个医学院的室友，发现他的脚踝是肿胀的，糟糕！贾里德那是水肿，如果他的身体状况不改善，很可能会引发糖尿病或早期心脏病。贾里德的父亲告诉他，考虑到他的体重和健康问题，他可能活不过 35 岁。

医院就诊后的那个寒假，贾里德决定减肥。受到"7 小于 6"运动的激励，他有了自己的火鸡俱乐部。他喜欢吃三明治，并最终发明了特有的赛百味饮食法：午餐吃一个约 0.3 米长的蔬菜三明治，晚餐吃一个约 0.2 米长的火鸡三明治。

贾里德在坚持赛百味饮食法 3 个月后体重降低至 150 千克，在赛百味吃了 3 个月，他就减了近 454 千克。在随后的几个月中，他继续"赛百味饮食疗法"，有时一天竟然还能减掉 0.5 千克。如果时间允许的话，他就尽量走路不坐车去上学，甚至不乘百货公司的电动扶梯而是自己爬楼梯。

就这样，贾里德鼓舞人心的减肥故事变得人人皆知，这要源于在 1999 年 4 月《印第安纳日报·学生版》上刊登的一篇文章。它是贾里德的一个叫瑞安·科尔曼的前室友写的，他生动地讲述了贾里德减肥前的样子：

在贾里德选课的时候，他不像大多数学生那样，根据教授或是课程时间表来选择上什么课？他要考虑的是教室的座位是否能容得下他。

在大多数家伙担心自己能否找到离学校近的停车点时，贾里德·福格尔担心的是自己能否找到一个没有车停在旁边的停车位，因为他需要额外的空间来打开驾驶员旁边的车门，这样他才能下车。

文章的结尾引用了贾里德的一句话："赛百味拯救了我的生命，使我可以开始新的生活。我对此无以回报。"一个快餐连锁店因为积极改变一个人的生活而获得荣誉，这似乎还是第一次。

后来有位记者刚好要撰写一篇题目为《奏效的疯狂饮食》的文章，他碰巧看到了《印第安纳日报》上关于贾里德的文章，于是他为自己的文章加入了"赛百味三明治饮食法"的内容，将其发表在《人类健康》的杂志上，仅仅是提到了"赛百味三明治饮食法"。

结果被赛百味的老板鲍勃·奥克维嘉看到了，他即刻致电给芝加哥的一位广告商理查德·科德，科德说："我们当初觉得很好笑，但还是跟风报道了。"

于是科德动用了所有的广告资源找到了哈尔·赖尼广告公司的总裁巴里·克劳斯，在确认无误却有此事之后，广告商深信这是个绝妙的故事。

然而遗憾的是尽管广告公司建议赛百味的市场部主管将贾里德的故事公之于众，但是市场部主管并没有把它当回事。

那位在餐饮业干了很久的主管认为：快餐不可能对人的健康有益。

不过，为了取悦克劳斯那名主管还是同赛百味的律师探讨了贾里德的广告创意。律师们一致认为这个广告不会成功，相反有可能会招致医疗责任纠纷之类的问题，唯一免责的方法就是添加免责条款——"我们不推荐这种饮食疗法，请先咨询你们的医生。"

事情的发展有点出人意料，虽然赛百味总部拒绝了这个创意广告，但是区域性的特许经营商们倒是非常感兴趣。随之而来的问题是当地的特许经营商只是支付自己本区域的广告费用，那广告费用又该如何处理呢？结果是哈尔广告公司总裁克劳斯决定免费做一次广告，他说："这是我职业生涯中的第一次也是唯一的一次，决定做一个没有酬劳的广告。"

广告播出的时间是2000年1月，正值一年一度有关饮食的新年发布会。广告中，贾里德站在自己的家门前。

"这就是贾里德。"主持人说道，"他曾经有193千克，我们可以看看贾里德穿着腰围1.5米短裤的照片，但你知道吗？他现在仅有82千克了，这多亏了他所谓的'赛百味饮食法'"。在描述了贾里德的用餐计划后，主持人下结论说："结合大量的走路减肥法对贾里德确实奏效，我们不是说它适合每一个人，你们在实行任何减肥计划前应当向医生咨询，但它对贾里德确实有效。"

克劳斯后来说，第二天早上，电话就响个不停。

《今日美国》打来电话，ABC和《福克斯新闻》也打来了电话。

到了第三天，奥普拉竟然也打电话过来了。

"这几年我跟很多媒体人士说过。"克劳斯说，"没人通过主动致电奥普拉而得到任何回应，我职业生涯中唯一一次同奥普拉成功交涉是有关贾里德，而且是奥普拉本人打来电话给我们的。"

几天后，赛百味负责人致电克劳斯询问广告费用能否由他们来支付。

1999年，赛百味的销售额平平。

2000年，销售额增长了18%。

2001年，销售额在2000年基础上又增长了16%。

与此同时，其他比赛百味小得多的三明治连锁店的销售额也以每年7%的速度增长。

我非常喜欢这个故事，这是一个多赢的故事。

消费者得到了满足，比如贾里德减肥了，正如他所说："赛百味拯救了我的生命，我对此无以回报。"

好的产品总是会让人感动，那么赛百味公司呢？

在没有花任何钱的情况下，做了广告宣传也提升了品牌的知名度，其收益自然是来自销售的稳固提升。出于商业道德，赛百味负责人后来依然提出要支付广告费用。那么克劳斯这个广告公司的总裁呢？

为何愿意免费的、不要酬劳的去做广告呢？这是一个值得我们深思的事情！其最后不但收回了广告费用竟然还上了奥普拉的节目，我们可以通过文字感觉到克劳斯先生的那种自豪感！

还有一些人，就如故事中赛百味的市场部主管及其律师，他们在整个故事中又让你学到了什么呢？当然还有赛百味总裁的态度！

### □企业活动的故事

企业活动是指企业本身在经营过程中所主导或参与的一切事情，如企业招聘、企业赞助、企业产品上市、企业内部改革等。值得一提的是当企业活动通过"新闻"的方式传播，冠以"事件"的名字加以推波助澜，效果可谓"四两拨千斤"，企业在少花钱甚至不花钱的前提下达到不推而推、不告而告的境界。

英国著名石油公司雪弗龙的故事非常耐人寻味，与大家分享如下。

当太阳在天边升起的时候，奇异好斗的松鸡迎着朝霞跳起了求偶之舞。这是生命开始的前奏。松鸡这类奇怪的动物，一旦有异类侵入它们的孵育领地，它们就会停止繁衍行为，直至把威胁者赶出其视线范围。

雪弗龙公司的员工，正在抢铺一条重要的输油管道。

他们看到松鸡在跳舞。于是，他们停止建设、汇报工作。他们要等到小松鸡孵化出世之后，再回到管道旁，夜以继日地赶工。

### □海尔集团砸冰箱的故事

这个家喻户晓的砸冰箱的事情是这样的。

1984年创建的海尔冰箱厂因经营不善亏损了数百万元资金，新厂长张瑞敏临危受命，拉开了革故鼎新的序幕。正当企业一切艰难开始时，发生了一件颇有争议的事情。

由于生产过程的问题，导致生产了几十台有瑕疵的冰箱。

这样的产品当然不能投放到市场，于是有职工建议作为公关赠品送人，有人建议当做职工福利分发下去，也有的说低价处理算了，但张瑞敏却做出了一个震惊的举动，挥起锤子把有质量瑕疵的冰箱统统砸毁了。

这一砸就砸出了一个国际集团。

如今的海尔集团已是世界白色家电第一品牌，也是中国最具价值品牌，即品牌价值最高、年销售额最高、市场占有率第一的品牌。

### □富亚公司总经理喝涂料的故事

这是一场经典的炒作！

这是一场经典的事件营销！

这是一场经典的事件与新闻结合起来的营销！

这更是一个将永远被引用和谈起的品牌故事！

让我们一起重温那一刻的精彩。

富亚公司在 2000 年 10 月 8 日的《北京晚报》上打出一则通栏广告：2000 年 10 月 10 日上午，在北京市建筑展览馆门前开展"真猫真狗喝涂料"活动，以证明该公司生产的涂料无毒无害又环保。

2000 年 10 月 10 日上午 9:00 整，富亚公司在北京建筑展览馆门前已经挂起了"真猫真狗喝涂料，富亚涂料安全大检验"的横幅，还特地请来了崇文区公证处的公证员。另见一只肥猫及三只吐着舌头的狗静静地被锁在笼子里面。

那年正逢北京市"宠物热"之际，广告一出，即在市民中间引起了轩然大波。展台前跑来了"抢新闻"的媒体记者，多名气愤的动物保护协会成员以及大批围观的观众。

富亚公司总经理蒋和平向到来的观众讲解道："1998 年，中国预防医学科学院就用小白鼠为富亚牌涂料做过无毒实验，结论是'实际无毒级'。我们开展这次活动的目的是请大家见证一下产品的安全可靠性。"

蒋和平的解释并不能阻止动物保护协会、中国环境科学学会动物救助分会吴会长在现场的慷慨陈词："就算富亚涂料没毒，也不应该给动物喝。因为涂料是工业产品，是一种乳胶漆会腐蚀动物的肠胃。"这位以爱护小动物为职业的北京老大妈在现场呼吁："不要残害动物！"

在此之前，曾有人给动物保护协会打了电话通知此事。吴会长知道后大为震惊，亲自给富亚公司打电话，希望能够取消此项活动，但她的建议未被采纳。

北京市小动物保护协会的人在现场高举标语"请不要虐待动物，孩子们看了怎样想？"。他们要求立即停止动物喝涂料的实验，几次强行要把正准备喝涂料的小动物带走。

当时现场秩序很乱，猫狗不断地吠叫，围观者越聚越多，眼见"真猫真狗喝涂料"就要泡汤了。富亚公司总经理蒋和平左右为难，尴尬之际心想："活动不搞，广告钱就白花了；猫狗真喝了，会极大地破坏富亚公司的公众形象。此时已经是 9:30 了，蒋和平摆出一副豁出去的架势，大义凛然地宣布："考虑了群众的建议，决定不让猫狗喝，改为人喝涂料，我亲自喝。"

话音刚落，场内顿时鸦雀无声。

在两名公证员的监督下，蒋和平打开一桶涂料，倒了半杯，又兑了半杯矿泉水，举在眼前摇了摇。

在众目睽睽之下，蒋和平咕咚咚喝下手中一杯稀释后的涂料。喝完后一擦嘴，干脆利落，面带笑容。人群中立刻唏嘘不已，还有人起哄："再来一杯！"

后来，新华社发表了一篇 700 字的通告题为"为做无毒广告，经理竟喝涂料"。此后，媒体纷纷跟风，"老板喝涂料"的离奇新闻开始像野火一样蔓延。北京市各大媒体《北京日报》《北京晨报》《北京晚报》《北京青年报》、北京电视台竞相报道。不同之处在于：

正话反说与反话正说。最后有人做过统计，全国竟然有 200 多家媒体报道或转载了这则消息。

无论如何，事件本身的轰动效应"造"出来了。北京电视台评选 10 月份十大经济新闻，"老板喝涂料"赫然跻身其中，与"悉尼奥运会"等同列。

"老板喝涂料"堪称是一个经典的新闻策划，其最大的成功之处在于："软新闻"做得不留痕迹，因为事件本身的离奇性已经构成一个新闻题材了。

### □淘宝大学新产品上线即企业招聘的故事

本故事主要考虑到现在的网店越来越多，网络软文营销的需求也越来越大，为了能更好地满足读者的需求，现摘此软文故事于此。资料来源于淘宝《买家》杂志。

我在年初开了个淘宝店，主要卖些女孩子的衣服。现在生意逐渐好转了，可我一个人确实有点忙不过来，于是把待业在家的妹妹拉过来当客服，可还差一个漂亮的、身材好、气质好的模特。

大家都知道，网购首先要直观，一名优秀的麻豆能更好地展示服装的穿着效果，所以花钱顾一个能做模特的女孩就迫在眉睫了。

我在一些招聘网站上发了不少招聘信息，结果都不让人满意。有些稍微有点姿色的麻豆开口就要求月薪 6000 元，甚至还想有出名的机会，能不能红之类，哎，真是好高骛远。当然我这小庙也供不起这些神仙妹妹。

一天偶然看见淘宝下面的一个频道淘工作，有好多网店需要的人才，蛮对口的。于是我赶紧发布了招聘麻豆的信息，并且工资可以直接用支付宝周结，很方便快捷。没想到没两天还真有一个女孩子主动联系我，谈的还可以，于是先视频面试了下。

她身材高挑，一看就是个时髦女郎，自己也称是资深的网购族。看起来蛮安静，眼神中有股淡淡的哀怨，说不出为什么。约来试镜，她的镜头感还很强，不管是青春、活泼、卡哇伊、还是 OL、sixy 都能很好地被诠释。于是就很满意地签下她作为我这家的麻豆。

后来熟悉之后聊天，才发现原来那段是她最痛苦的时间。爱上了一个男人，没想到对方早已经有了家室，她一不留神当了小三儿。还好这个失足女孩及时醒悟，狠心离开了他。曾经一度觉得生活绝望，没有一点意思。无意中在淘工作发现有招聘麻豆的，投了简历没想到无心插柳，开始了自己的新生活。

在忙碌的工作中和外界接触增多，这个女孩的笑容越来越灿烂，重新回到了阳光的怀抱。当我第一次往她支付宝里打薪水，她甚至都不要，说我给她提供了这么好的一个机会，不但能把漂亮衣服展现给买家，满足自己臭美的愿望，更重要的是淘到了一份全新的生活，走出了那段感情的阴影。呵呵，想不到自己第一次招麻豆，还挽救了一名失足女青年。当然了，还是人家淘工作淘出来的新生活嘛，一定要积极进取，明天总是美好的。

此文摘自《淘宝·卖家》，初看是讲招聘模特的故事，但娓娓道出了应聘者的一段令人同情与伤感的往事，实际上是淘宝大学为新上线的淘工作平台所进行的推广，故事非常好地结合了时下关于"小三"的现象，以应聘者的"自立、自信、自强"来突出平台的定位。

以下提供了部分网络链接供读者学习参考。

1. 天涯论坛

http://groups.tianya.cn/tribe/showArticle.jsp?articleId=fe3707bb3889a5e81f2df1060e8639d4&groupId=97472

2. 合肥论坛

http://bbs.hefei.cc/viewthread.php?tid=5791292

3. 苏州论坛

http://bbs.sz.js.cn/read-htm-tid-755407.html

# 如何做好品牌故事

《洛阳伽蓝记》记载了酒商刘白堕巧做品牌故事的事。

刘白堕酿造的鹤觞酒香醇甘美。一次，南青州刺史毛鸿宾路遇劫匪，强盗饮用了毛鸿宾随身带的鹤觞酒后，竟醉倒在路旁，束手就擒。于是，鹤觞酒名声大噪。

□山田敦郎在《品牌全视角》一书中阐述了品牌必须具备的4个特性，如图9-1所示。

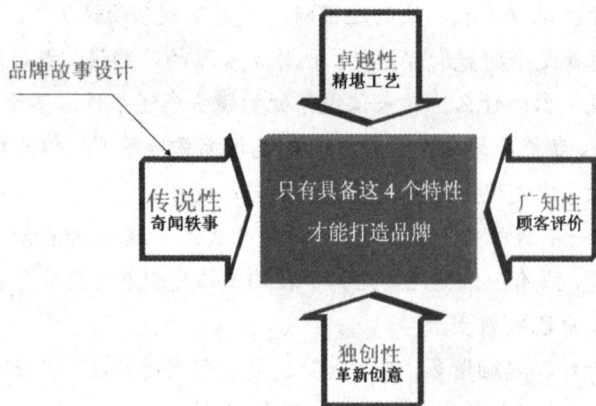

图9-1　品牌故事的4个特性

## □品牌需要传说

传奇性的故事往往能令消费者津津乐道。

事实上，企业家的故事、消费者的故事、企业产品的故事都应当是为品牌服务的。企业家是品牌的首席代言人，消费者是品牌的直接受益人，企业产品能够传递出品牌的价值。

一般我们可以从以下 6 个方面来设计品牌故事：

1. 关于品牌诞生的故事。

2. 品牌愿景的故事。

3. 品牌变革与创新的故事。

4. 品牌与社会关系的故事。

5. 品牌代言人的故事。

6. 品牌与消费者的故事。

### □浅谈品牌叙事与品牌故事

品牌与消费者之间的信息沟通非常重要。品牌的定位精准、形象清晰方能给消费者一个深刻且良好的印象。

第一印象事实上已经决定了消费者与品牌之间的关系：是成为粉丝还是成为路人？所以说品牌叙事是将品牌各类要素整体融合后传递给消费者，而品牌故事恰恰可以较为完美地承担起这个使命。

由于品牌故事与品牌叙事之间容易混淆，故而将品牌叙事简略介绍一下。

狭义的品牌叙事是将品牌的相关宣传资料提供给目标受众的品牌背景文化、品牌价值理念及产品利益诉求等方面的内容；广义的品牌叙事则是指通过品牌的相关宣传资料、媒体发布的广告和新闻公关活动，以及品牌与相关社会文化现象相融合的文化在传播活动中反映出来的品牌内涵，它是品牌背景文化、价值理念以及产品利益诉求点形象化的生动体现。

《传奇品牌》的作者劳伦斯·维森特认为：品牌神话是利用品牌叙事传达一种世界观，是一系列超越商品使用功能和认知产品特征的神圣理念。

品牌叙事以存在主义的纽带形式把消费者和品牌联系起来，它是品牌力量的基础和源泉。

我认为品牌叙事在形式上包括了广告片、微电影、歌曲、图文数字出版物，当然也包括了精心设计的品牌故事。

那么品牌故事呢？品牌故事为品牌叙事服务，是品牌叙事中的一环。

品牌叙事笔者认为要从品牌定位开始，将品牌的定位陈述加以具体化的显现；同样，品牌故事要想做好，必然要理解品牌定位、品牌核心价值、品牌的相关特征及优点、品牌的传播语、品牌对消费者的利益点等。

由于国内对品牌叙事及品牌故事的研究较少，尚没有看到一本讲述此方面的书籍。一般所谓的"品牌故事"也只是涉及一些"故事"而已，表象的多，深谈细说的比较少；幸好李光斗老师在《故事营销》一书中给我们提供了丰富的拓展空间，故而笔者提出如下关于"品牌故事"的设计设想：

第一步：做好品牌定位。

第二步：挖掘出"品牌核心价值"。

第三步：体现品牌基础信息，如特征、优点、品牌口号与品牌标识。

第四步：撰写品牌定位陈述。

第五步：设计品牌故事。

本书主要是为了扩展"软文营销"这个概念，使之在新环境下，尤其是针对中小企业、网店店长们及各类网站站长能以较低的成本换来事业上的大发展。本章虽然探讨故事营销，但只能浅尝辄止。

原因有二：一是国内外研究的似乎都不够深入，理论依据不足；二是因为我们的经验还不够，怕误导读者。故而接下来先谈"品牌定位陈述"，再谈"品牌故事的写法建议"，日后笔者准备再撰写一本《软文写作》方面的书与各位读者分享。

### □品牌定位陈述

品牌定位陈述的一般要素有：公司、产品、服务的定义，其主要包括特点、优点、卖点、目标消费者、市场以及相关公司关系——子母公司关系等。

定位陈述通常用恰当的词语描述信息属性，既要尊重客观事实，又要具有感召力。

艾丽西亚·佩里与大卫·卫斯诺姆提出了品牌定位陈述的一个最基本的框架结构：

A（公司/产品/服务）是 B（定义），它提供 C（好处）给 D（目标消费者）在 E（市场）中。

如果用一个句子不够，那么可以在第二个句子当中讲到品牌的卖点、专利技术、专利或其他特别优势。

A（公司/产品/服务）是 B（定义），它提供 C（好处）给 D（目标消费者）在 E（市场）中，将 F（卖点、专利技术、专利）提供 G（新利益）和 H（新功能或其他特别利益）。

举例如下。

新科公司在全球范围内向无线电通信企业提供软件基础设施。

通过它特有的基于 XML 的开放技术，新科公司在应用和整体解决方案方面具有独特的优势，无论是平台，还是语言，它能使显示和内容传递转化成数据设计的格式，使其更加人性化，更加简捷。

下面是优化整理自《传奇品牌》一书的品牌叙事逻辑树，供读者朋友们参考，如图 9-2 所示。

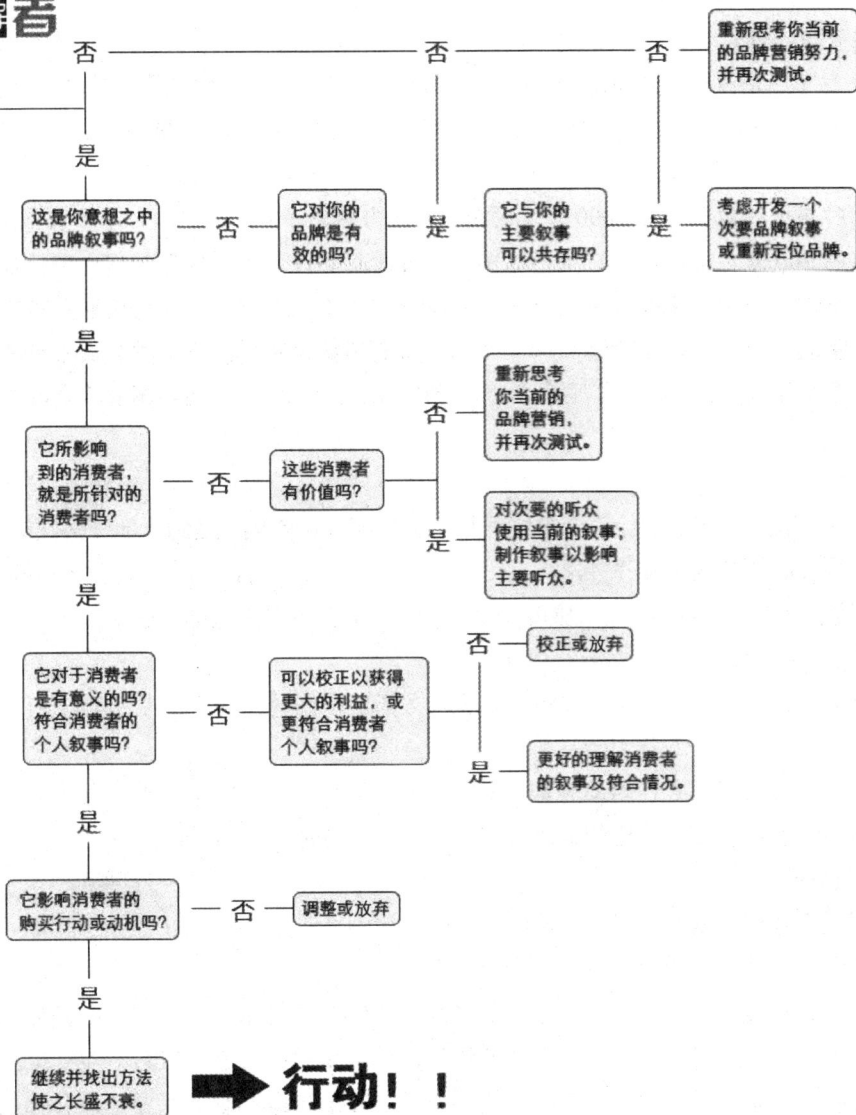

图 9-2　品牌叙事逻辑树

　　我们国内很多的企业往往不重视自身企业的介绍。几十年来千篇一律的内容往往是企业规模有多大，我们有多少位博士，年产值多少个亿，我们现在又引进了什么最新的设备或产品等。试问你的客户或消费者，真的关心这些吗？他们真的想要了解这些吗？我们这样的表述能真正说服我们潜在的客户吗？真的可以打动我们的消费者吗？其实，精心设计好自身企业的介绍，无论在哪个接触点上传播都是非常重要的，这不就是在节省广告费用吗？

□ **品牌故事的写法建议**

1. 选好词语

文章布局是谋略，其使用的词语是否到位，十分重要。我们在撰写软文的过程中要慎选词语，在公关稿件中更是如此。还记得王石先生在汶川地震时的事吗？其博文内容如下：

"对捐出的款项超过 1000 万元的企业，我当然表示敬佩。但作为董事长，我认为万科捐出的 200 万元是合适的。这不仅是董事会授权的最大单项捐款数额，即使授权大过这个金额，我仍认为 200 万元是个适当的数额。中国是个灾害频发的国家，赈灾慈善活动是个常态，企业的捐赠活动应该可持续，而能不成为负担。万科对集团内部慈善募捐活动有条提示：每次募捐，普通员工的捐款以 10 元为限。其意就是不要让慈善工作成为负担。"

就是这篇"慈善负担论"立即使王石先生身陷舆论漩涡，遭到了部分网友的质疑和攻击，令其良好的公众形象"一落千丈"。2008 年 5 月 19 日，王石发表公开道歉。5 月 21 日万科董事会宣布将在净支出额度 100 000 000 元参与灾区重建，在未来 3～5 年内逐年支出。

从公关的角度来说，任何对外投放的软文都要选好词语，其实从品牌的角度而言更是如此。

正面的语言描述是在对品牌推广做加法，而负面的语言描述自然是对其做减法；负面的情绪我们也可以通过软化的词语来代替，如恐惧的时候我们对自己说我有点不安，那一刻我们的感受会好很多。

在《水知道答案》一书中，我们已完全了解到"词语"具有相对应的能量。说"你是最棒的"结晶体要比说"你好笨"来得更美观更温和。

同样追逐美好的事物同厌恶糟糕的产品一样都是人之本能，所以在 20 世纪 60 年代的时候，大卫·奥格威提出了"品牌形象论"，优美华丽的词语，虽然不能直接促其成交，但不容置疑的是其具有一定的催眠作用，良好的第一印象与体验都是品牌传播的基础。

另外我想说的就是网络媒体中的传播关键词，正如其名为"关键"之意。我们在关键词一章中已经有所表述，我想进一步补充的是：我们的品牌名本身就是个关键词。当品牌认知度及影响力逐步扩大的时候，其聚焦的能量也在逐步提升。

网民对品牌名称的关注度可以直接反应出品牌的忠诚度，每天有多少人在搜索你的产品，就代表你的品牌知名度有多大。所以我们常常建议将其品牌名称设计在软文的标题当中，使之能够更广泛地覆盖阅读人群。

如果我们在软文故事中嵌入自己的品牌名称，那么无论网民怎么搜索，甚至其在不知道我们品牌的情况下也能搜索到我们，搜索到的网页始终会有我们的品牌故事。试问：此方法是不是在以极低的成本、无限次的传播我们的品牌呢？

2. 用好比喻

韩庆祥老师曾经说有个企业在空调广告中称其生产的空调噪音可以达到 27 分贝，但是有多少人能真正明白 27 分贝的概念呢？伊莱克斯电冰箱最初在中国市场上销售的广告词是"电冰箱的噪音就好像撕了一张纸的声音"。表面上看是广告词上存在的差异，实质上却是对营销理解上存在的差距。

□我们会发现无论是老子、孔子、耶稣或是佛祖释迦牟尼，这些伟大的圣人们都是伟大的教育家，而他们的伟大之处在于有一个共同的教育方法：喜好打比喻来阐述观点。佛祖释迦牟尼还讲了一本经书叫《佛说譬喻经》，可见"比喻"的价值有多大了。

为何我们不用这种"比喻"的方式来影响我们消费者或客户的认知呢？有一本销售书籍中提到——"不要卖牛排，而要卖牛排的吱吱声。"同样还有另外一句牛排促销的广告语——"咬一口我们的牛排，面朝女孩，春暖花开。"请问哪一句让你印象更深刻呢？

提到比喻，你肯定会想到隐喻和暗喻，在此我们重点讲隐喻。

隐喻是比喻的一种，带有暗喻的意思，是用一种事物取代另一种事物，但其本质上属于没有变化的修辞手法。

拉科夫和约翰逊认为：隐喻的本质是根据另一种事物来理解和体验一种事物。在文学中，隐喻是根据修辞性的次要主题来表现的一个确定的、首要的主题（主旨）。

隐喻的力量非常强大，用安东尼·罗宾的话来说，即当你使用隐喻时，你不是在描写你的真实经历，而是它如何与某些其他事物相似。

我们来看一首每逢满月以及新月之时，西藏僧人都要吟诵的诗——无常之诗。

学习看清依缘而生之万物，
如同星辰，如同你眼中之困境，
如同一盏油灯，一个幻象，
如同露珠，或如同泡沫，
如同一场梦境，或如同闪电，或如同一朵云彩。

完整来解释这首诗将又是一大篇内容，诗中的每一个隐喻都是为了说明"万事万物依缘而生"。我们从最后一句中的梦境、闪电、云彩来理解的话，就是佛所说是"三世"即过去、现在、未来。想想看是不是这样？梦境已成虚幻的过去；而现在有如闪电一般逝去；那未来呢？犹如云彩，高高在上，然不可得也！

所以用隐喻的方式，既可以更好地向受众群体传递品牌的内涵，又能够带来非常好的体验，当然重要的是不同文化层次或不同国度的人都能更好的理解。因为隐喻是消费者感知这个世界以及与这个世界建立内在联系的方式。

用好比喻，其实也是在加深记忆点。

3. 记忆点设置

□要明确品牌的记忆点是什么

从商家的角度来讲是卖点，从消费者的角度来看是买点，抑或是你要传递给目标市场客户群的一种价值主张，你可以将品牌传播语设计成记忆点，你也可以将某种声音、图片或任何一种符号设计成记忆点。

□记忆点要简单化

简单即精简，是核心。如 Just Do It、科技以人为本、你值得拥有等品牌传播语。

□具体化

事物越具体，人脑越能够记忆。

这个就好比是你要找一个人，请问他如果只告诉你他是中国人好找，还是告诉你他是北京人好找？或进一步告诉你，他是北京昌平区的，但是昌平区很大，你也不好找。于是，他又告诉你是昌平区天通苑的，结果你到天通苑一打听，原来这个社区号称是亚洲第一社区，可以说你进得去出不来，进去一看你就找不到北了。最后他告诉你，他是中国北京昌平区天通苑北二区 51 号 1 单元 502 室的。请问哪个更好找呢？

要想回忆更清晰，必须精确记忆，具体化能满足回忆的需求。

□情感化

笔者曾听说："理解的事物能被更好的记忆，而被记住的事物往往是因为我们更好的理解了它。"

在品牌故事中必须要植入情感，或者说是情节点。

情感营销其实就是体验营销，通过情感化也就是通过我们的五官记住事物。

所以笔者认为可以将记忆点设计成故事情节点，以便消费者能够更好的体验与记忆。

另外值得一提的是重复是记忆之母。

下面让我们从世界第一成功学导师安东尼·罗宾开始学习……

# 第十章

# 从世界第一成功学导师
# 安东尼·罗宾开始

积行成习，积习成性，积性成命。

——荀子

早在公元前 370 年，古希腊希波克拉底指出了人类的四种主要的气质类型即多血质、胆汁质、黏液质、抑郁质。后来瑞士心理学家弗洛伊德的学生卡尔·荣格提出了感受型、思想型、实干型、直觉型。

□诚然，人之性向是有章可循的，世界第一成功导师安东尼·罗宾提出了五种性格模式：

第一种性格模式是追求型对逃避型。

第二种性格模式是自我判定型与外界判定型。

第三种性格模式自我意识型对顾他意识。

第四种性格模式是配合型对拆散型。

第五种性格模式是可能型对需要型。

□所谓追求型对逃避型即不是在追求快乐就是在逃离痛苦。

人的行为几乎所有的行为都归结于此：追求快乐，逃离痛苦。

当我们想要安全感的时候，买车自然会选择沃尔沃；

当我们想要成功的感觉的时候，买车会自然选择奔驰。

俗话说女为悦己者容。女人喜爱打扮是一种天性，而天性的背后不外乎是因为快乐。事实上，恋爱后的结婚是因为快乐；而恋爱后的分手，恰是因为痛苦。人的一生，均会趋乐避苦。

□所谓自我判定型与外界判定型，顾名思义以自我觉知来肯定某事后采取的行为；外界判定型离不开外界的肯定，简单而言是需要别人来推动甚至需要替他作出决定。

□安东尼·罗宾之前讲过一个案例。

在一次研讨会上，有个学员严厉地对他说："我不信你这一套！"之后还嘲笑了他一番，在他与他的朋友的对话中，安东尼·罗宾知道其还是一个逃避型性格的人。于是，安东尼·罗宾对他说："我无法说服你该做些什么，你是唯一可以说服自己的人（针对他的自我判定型性格）。"

此话一出，对方有点发蒙了。一时间，无言以对。这人最怕的就是否定自己。之后，安东尼·罗宾继续说："你若不参加，你是唯一知道（针对他的自我判定）谁会受损失的人（针对他的逃避型性格）？"

结果那家伙说："不错，你说得对！之后还报名参加了课程。"

所谓自我意识型对顾他意识型，指凡是在处事观点中看重是否跟他有切身关系的则是自我意识型；而看重是否跟大家有切身关系的则是顾他意识型。过于看重前者那就是自私自利；过于倾向于后者那就会成为"烈士"。

所谓配合型对拆散型，指如果在处事上寻求共同点的，这种人就是配合型性格的人；如果是寻找差异化的那就是拆散型性格的人。简而言之，重视相似就是配合型性格；重视差异就是拆散型性格。鸡蛋里挑骨头的往往就是拆散型性格的人。

所谓可能型对需要型，指如果注重他已知的、安全的事物，那就是需要型性格的人；如果注重的是他未知的，希望能从中找出机会的，那就是可能型性格的人。

现在的"性格分析学"将人分为力量型、活泼型、完美型、和平型四种性格。在世界500强中被广为培训的"九型"人格如下。

第一型：完美型（完美主义者）。

第二型：全爱型、助人型（给予者）。

第三型：成就型（实干者）。

第四型：艺术型、自我型（悲情浪漫者）。

第五型：智慧型、思想型（观察者）。

第六型：忠诚型（怀疑论者）。

第七型：活跃型、开朗型（享乐主义者）。

第八型：领袖型、能力型（保护者）。

第九型：和平型、和谐型（调停者）。

1963年，威廉·莱泽引起了营销界的重视，他引入了令人着迷的"价值观"与"生活形态"，生活形态的引入对于广告文案设计等创意类工作，能够大大丰富营销的内容。

事实上，随着NLP[1]在全球的发展，随着NLP在管理方面、领导方面、两性关系方面、亲子教育方面、创造力方面、组织发展等诸多领域的运用，我们完全可以将NLP应用到我们营销领域，尤其是软文营销，上面所提到的"广告文案设计"不也是如此吗？安东尼·罗宾的NAC[2]心理学就是发源于NLP神经语言学的，可惜的是国内对NLP的拓

---

[1] NLP：Neuro-Linguistic Programming 的缩写，意为神经语言程序学。

[2] NAC：Neuro Associative Conditioning 的缩写，意为神经链调整术。

展创新研究还比较少。

所以笔者认为用网页设计的故事说服系统循环销售的设计，其内容包括：心理学、神经系统科学、营销学、销售学、语言学、搜索引擎原理、网页用户体验设计、具有说服力的文案设计等学科。

说服架构实质是一门科学，它融合了购买与销售的过程，将这双边过程与营销通信流量结合起来，其重点就是说服访客采取行动，也就是如何解决将"流量转化成销量"的最有效的方式。

目前美国人研究得非常细致，其观念体现在《行动的召唤——有效提升网络营销力》一书中，书中给出了非常翔实的系统：在网页设计中如何设计更有说服力；一般网站需要同四类性格不同的人交流，即方法型、自发型、人文型、竞争型；其实这四类性格与古希腊希波克拉底及卡尔·荣格所提出的如出一辙。

□**方法型需要准确性**

他们的基本特质如下：

态度——有条理的有细节性的。

时间的使用——严格的，系统安排的。

问题——对这个问题的解决方法。

方法——提供确凿的证据和一流的服务。

● 参考样本及文案叙述

我们的方法是定时满足您的需求。最重要的是您的要求都有保证，您可以研究我们的方法（软文用词关键点针对方法型的人），看看像您一样的成千上万的顾客是怎样愉快购物的。

□**自发型需要接纳**

态度——个人的、活动指向性的。

时间的使用——自然的、快节奏的。

问题——为什么您的解决方法现在最有效？

方法——满足即时需求，并提供可信的选择。

● 参考样本文案叙述

我们的方法是定时满足您的需求（软文用语关键点针对自发型的人）。最重要的是您的要求都有保证，您可以研究我们的方法，看看像您一样的成千上万的顾客是怎样愉快购物的。

□**人文型需要掌声**

态度——个人的、人际关系指向性的。

时间的使用——开放的，节奏缓慢的。

问题——谁用您的方法解决过我这样的问题。

方法——提供证明书和鼓励措施。

● 参考样本，文案叙述

我们的方法是定时满足您的需求。最重要的是您的要求都有保证，您可以研究我们的方法，看看像您一样的成千上万的顾客是怎么样愉快购物的（软文用语关键点针对人文型的人）。

□竞争型需要成绩

即需要保证才会安心的人。

态度——有条理的、权利指向性的。

时间的使用——严格的、有战略安排的。

问题——你的解决方法对我有什么用？

方法——提供合理的选择方案、可能性和挑战性计划。

● 参考样本，文案叙述

我们的方法是定时满足您的需求。最重要的是您的要求都有保证（软文用语关键点针对竞争型的人），您可以研究我们的方法，看看像您一样的成千上万的顾客是怎么样愉快购物的。

表 10-1 提供了与四类性格的人交流时的技巧，以供大家参考。

表 10-1　与四类性格的人交流时的技巧

| 方面 ＼ 类型 | 方法型需要准确性 | 自发型需要接纳 | 人文型需要掌声 | 竞争型需要成绩 |
|---|---|---|---|---|
| 态度 | 有条理的、有细节性的 | 个人的、活动指向性的 | 个人的、人际关系指向性的 | 有条理的、权利指向性的 |
| 时间的使用 | 严格的、系统安排的 | 自然的、快节奏的 | 开放的、节奏缓慢的 | 严格的、有战略安排的 |
| 问题 | 您对这个问题的解决方法是什么 | 为什么您的解决方法现在最有效 | 谁用您的方法解决过我这样的问题 | 你的解决方法对我有什么用 |
| 方法 | 提供确凿的证据和一流的服务 | 满足即时需求，并提供可信的选择 | 提供证明书和鼓励措施 | 提供合理的选择方案、可能性和挑战性计划 |
| 问题类型 | 怎样的问题 | 为什么的问题 | 谁的问题 | 什么问题 |

这就是一种"催眠设计"，我认为在文案的描述中，在软文的用语中，尽可能地考虑到多种类型的人的习惯。此习惯即习惯用语。其实，人的一生不是在被催眠就是在催眠别

人，而我们自己却浑然不觉。

上述的方法是通过对消费者认知的研究，以比较科学的描述方式或软文形式来更好地引导消费者，最后达成销售。

当然准确、接纳、掌声、保证，事实上是人性内在的需求机制，每个人成交或被说服的"关键按钮"不同，但是从上述案例中我们已经发现，现象万千，唯本质不变。营销依然且自始至终是为了满足需求！所以我认为我们在设计软文的时候，完全可以借马斯洛需要层次理论来进行策划。

那么我们从神经语言学的研究当中又会发现以下现象。

刺激大脑的过程是颜色→文本形式→图像→文字。

另据斯坦福-波因特项目研究发现，人们在网上阅读新闻的时候，眼睛移动方式是从标题到内容，尤其是标题与摘要，然后是看图片，有的甚至不看图片。

我们会发现搜索引擎搜索出来的页面都是左边大于右边，什么原因呢？主要是 F 字母形状的阅读模式在起作用，如图 10-1 所示。

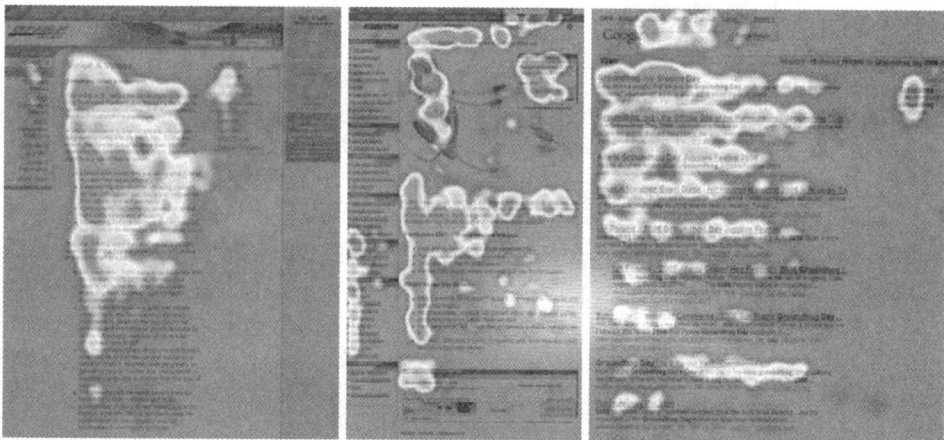

图 10-1　F 字母形状的阅读模式

我们了解到访客从登录页面开始，就下意识地从左上角开始浏览到右边或右上角，然后再返回左边，不断重复后，回到网页中心。

通过上述这一浏览规律，我们在设计网页文案的时候，为了达到更好的说服效果，应当注意设计元素的布局：

1. 左边大于右边。

2. 文字多于图片。

3. 颜色之间重轻明暗协调。

切记软文中所有的文字要么在增强转化客户，要么在减弱客户的转化力度。简单而言就是要么在争取客户，要么在失去客户。

好！当我们了解这些内容之后，请阅读第十一章的内容。

# 第十一章
# 网站页面中的文案设计

在交互中交心，在交心中交易。

——严刚

网站页面中的文案设计其主要目的就是为了将流量转化成销量，将访客转化成顾客，将点击转化成商机，这一切可以理解为提升网站转化率。

所谓网站转化率就是采取行动的访客人数与某个时间访客总人数之比。比如对于邮件营销而言，转化率是采取行动的访客人数同收到邮件总人数之比，将所得的结果乘以 100 就是百分比。

那么为什么说是"采取行动"的访客人数呢？

□因为转化率不仅仅是指销售，它可以是网站成功注册会员，也可以是网站调研；还可以是转发链接或文章，甚至可以要求访客点评。访客采取的行动跟网站设计的目标有关，因此网络营销的目的不仅仅是交易，它有可能是交换，如"别针换别墅"的故事；有可能是其他内容，如奥巴马通过"网络营销"当上了美国总统；还有可能就是为了让你去点击，因为只要你点击它就能收取广告费用等。

□转化率，最早是由美国的网络调查公司 AdKnowledge 在《2000 年第三季度网络广告调查报告》中提出来的。该公司认为"转化"即网民受网络广告的影响而形成的购买、注册或信息获取等行为。转化率就是转化次数除以广告曝光次数。一般转化次数包括两种，一种是浏览了并且点击了网络广告所产生的转化行为的次数；另一种是浏览后没有任何点击直接产生的转化行为的次数。那么，本章所指的网站转化主要是指后者。

接下来或许你会问，为何我们要提高网站转化率呢？通常有以下几点：

1. 销售额的提升，持续的优化、转化实际上是销量的倍增。

2. 客户购置成本下降，即开发客户的成本降低了。

3. 客户保留率上升，忠诚度提高了。

4. 客户终身价值上升。

5. 效果更持久（尤其是电子商务类网站或网店）。

我们可从网站建设的角度展开讨论。

如果网站打不开再好的设计也是白搭。网站能打开但是很难看清整个架构，内容一团糟，兼容性很差，顾客想点击购买都找不到按钮，这样的网站有何意义？我们认为要真正提升网站转化率必须要有一个懂网站建设（后台搭建）、懂网页设计、懂营销、懂软文策划（如广告文案）、懂搜索引擎优化、懂点销售心理学的人才能组成团队，才能将网站转化率持续的优化提升。

事实上现在打开网店的首页，它就好比传统的客人走进了店面一样。在传统的商店设计中我们需要具备以下两点：

1. 橱窗里的高价展示商品，可以促进店铺内的低价商品的销量。

2. 旺铺的必备条件是进深长和光线明亮。

因为人们喜欢从一个狭窄的门进去，然后看到一个宽阔的空间。如果你有兴趣的话可以去看看那些旺铺转让的"山寨版旺铺"是否符合这样的特征？

色彩绚丽的搭配能诱发年轻女性即兴购买，从粉红色和红色我们会发现女性即兴购买的现象特别明显。所以在整形行业、美容行业、化妆品行业，我们都能发现以粉红色为主色调的公司品牌的 VI 设计居多。例如直销行业巨头玫琳凯公司，以奖励直销员粉红色的凯迪拉克著称。据说某一年开会的时候，会场外是一片粉红色的海洋，非常壮观！

限定销售能提高商品品牌的形象，刺激消费者的购买欲望。

以心脏跳动为节奏的音乐作为背景音乐有助于提升销售。有科学家研究指出，94 拍/分钟的快节奏音乐和 72 拍/分钟的慢节奏音乐相比，后者更能使得顾客心情平静，促进销售的作用能提高 38%。

所以我们会建议在淘宝店铺中，当访客打开店铺首页时，应让其在第一时间聆听到轻松的背景音乐，营造出一种良好的购物氛围。号称淘宝第一卖家的"柠檬绿茶"就是一打开网页就会飘来轻松愉悦的音乐。

在体验性服务中，事先承诺退款保证对于赢得信誉，获得顾客意义重大。我想上述这些做法在我们网络购物中已经是非常普遍了，如在手机网购、英语培训、成功学课程或资料贩卖、医药药品的推荐等都运用了"退款保证"，而且最明显的就是"一张网页赢天下"的构思，有的更为简单，即一封销售信函。

下面是笔者总结的关于网站建设中的 12 个问题，相信有助于你更好的改善网站，提升网站的营销能力。

1. 信息是否陈旧、过时？

2. 搜索引擎优化的效果如何？

3. 访客初见网站的印象如何？

4. 资料的可信度、专业性怎么样？

5. 网站的支付方式是否多而方便？

6. 网站的联系方式是否明显、直观？

7. 访客在站点上的体验效果怎么样？

8. 网站布局是否有利于良好的阅读体验？

9. 网站的易用性、兼容性、吸引力怎么样？

10. 如何以最快的速度将访客直接转化成客户？

11. 如何在最短的时间内，提供访客最需要的物品？

12. 是否可以将访客链接到相关站点成交并获利？

针对以上问题补充说明如下。

我们是不是经常发现很多网站中新闻动态的信息是去年的，有的甚至是好多年以前的，它不利于你提升网站的效能。

企业建站的目的自然是为了经营，经营的"营"字，显然表明是要"赢利"的。所以及时更新信息很重要，过时的信息会让潜在顾客误解，这家公司到底存不存在？现在经营得如何？当客户犹豫的时候，你便失去了成交的机会。每日或隔三差五地更新网站，至少表明企业还在正常运营，而且也有利于搜索引擎的优化工作。

搜索引擎优化（SEO）的首要目的是"引流"，让更多的人找到你，让更多不知道你的人找到你，让你能更多曝光在搜索引擎中。网络上从事 SEO 的人很多，做得好的也不少，有位老板纳闷地问我："这个优化到底指的是什么呢？听来听去就只有两个字——流量。"我的回答很简单："流量是对的，是外在的现象。不过你可以理解为'不战而屈人之兵'，即搜索引擎优化。此战即竞价排名，可获得未知的市场空间。"

人际关系学中指：第一次彼此见面的前 30 秒将决定往后彼此 30 年的交往。其实初次见面时的前 10 秒钟，已经决定了你给他人的印象。网站也一样，事实上网站代表你的企业形象也是你的品牌形象，它跟传统的名片、手袋、员工工作服、印刷品等同样能接触到客户且给客户留下第一印象。如果你开的是网店或想直接通过网店进行交易，那么网店是不是等于你的"终端市场"呢？那么你会如何为你的终端市场进行布局呢？

□在我看来，每一个网页都可以是你的"虚拟终端"市场。

□友情提醒，网络时代网站更需要包装。包装是什么呢？包装是品牌与消费者之间沟通时最重要的环节也是决定性环节。那么你的网站包装得怎么样呢？提供以下几点供你参考：

1. 打开网页的速度快不快？

2. 网站兼容性好不好？

3. 网站图片有没有过多？

4. 导航系统是否过于复杂？

5. 链接一般是传统的"蓝色"加下划线，有无另类设计？

6. 鼠标遇到超级链接是否成手状暗示可点击打开？

7. 数据库链接是否安全？

8. 联系方式是否容易被发现？提供的电话是否可以满足日常服务的需要？

9. 由于 QQ 版本的多样性，你是否能发现不同的版本会导致访客无法在登录页面直接打开 QQ，通常我们不建议使用 QQ 作为在线客服。

10. 你的电话线路是否畅通呢？有无固定且专业的客服呢？你知道吗淘宝上很多网店的客服都已经形成了自己的粉丝群。例如，有的客户购买了商品后对客服说："我刚才拍的商品请你不要发货，因为我是送给你的！"

网站或网店的包装设计，跟传统的店铺装修是一样的。现在淘宝网网店装修都已经成为一种商业化的服务模式了，从宝贝描述到横幅设计、从店铺标志到产品说明、从网店优化到模板设计等非常具体周到，可以说应有尽有，只要你肯投资。另外，不懂网店装修的人还可以外包。

□网站的兼容性很重要。网站是企业形象的延伸，对网站的印象就是对企业的印象。很多老板喜欢讲排场、讲面子，但是网站做得实在是非常简陋。目前浏览器的品种繁多，姑且不论不同厂商之间的竞争，单是同一家公司就有不同的版本。

例如，微软公司就有 IE 6、IE 7、IE 8、IE 9，加上其他的公司，如火狐、遨游、360 等就更多了。兼容性是一个非常重要的问题，对大公司而言，网站兼容性不好就会影响甚至破坏企业的形象。

记得曾经有一家大型饮料公司在百度新闻频道做广告，我不知道在百度拉一天的"横幅"需要多少钱，但可以肯定的是费用不会低。或许这家公司很有钱，打开的速度超慢，好不容易打开后页面下方还显示有一长串代码。如果我是该企业的老总，会立马一个电话将那个网络主管给撤了。

□跟大家分享一个营销型的企业网站应当注重的 7 个方面内容，本资料摘自普通高等教育"十一五"国家级规划教材《网络营销》。

1. 场景。网站版面的编排和设计。

2. 内容。场景所包含的文本、图片、声音和图像。

3. 社区。为客户提供信息沟通与交流的空间。

4. 定制。根据不同客户的具体要求，设计满足他们个人需求的内容。

5. 沟通。提供网站企业与客户之间的信息交流。

6. 连接。连通网站与网站，实现互动，丰富展示内容。

7. 商务。网站完成商务及交易的能力。

□对于网站页面中的文案设计，应从网络时代消费者新的消费模式开始。

传统顾客作出购买决定的一般过程：注意、兴趣、欲望、成交，也有的提出了注意、兴趣、欲望、记忆联想、行动，如图 11-1 所示。

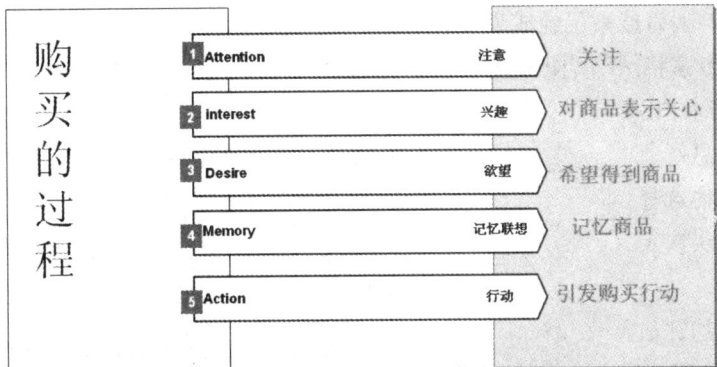

图 11-1 消费者购买心理的发展过程

**资料来源**：匠英一. 心理营销[M]. 陈刚，李丽莎，译. 北京：科学出版社，2008.

网络时代中的消费者行为模型为：引起注意、产生兴趣、搜索、购买行动和分享，如图 11-2 所示。

图 11-2 消费者行为模型

不同消费者的行为模式对比，如图 11-3 所示。

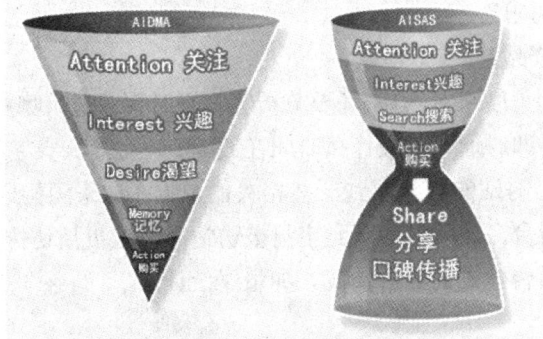

图 11-3 不同消费者的行为模式对比图

通过上述分析我们会发现在很多传统广告中（如电视广告），你会发现某个镜头中竟然出现了百度的搜索框，之后在搜索框中又出现了某个关键词并让你点击搜索。为什么会有这种现象呢？因为搜索已经成为一种习惯。

所以也有专家将网络购物中的消费者行为设计为以下 6 个步骤：

1. 问题/需求识别；

2. 搜索信息；

3. 评估其他选择；

4. 作出购买决定；

5. 购买；

6. 购买后的评估。

当消费者的行为发生改变的时候，我们的营销行为也必将会随之发生改变。整个营销环境发生了变化，我们的营销模式、营销策略、营销方法怎么会不变呢？

事实上网页的设计就目前而言依然是"平面设计"，是二维的设计思路，相信随着 HTML 5 的出现，三维效果即将到来。在这种情况下，我们可以将传统的"文案设计"移植到"网页设计"中，其中最大的变化就是从"完全静态"转变为"部分动态"。

□如何做好网页文案设计中的转化页面呢？

为了能更具体地进行说明，我们用 B2C 网站中的产品介绍来加以诠释。

## □产品受众分析

美国心理学家斯泰奇认为，产品受众即消费者。

目标消费者没有找好找准，任何广告效果都会大打折扣。那么我们该如何找准消费者呢？应从以下六大方面来分析我们的客户。

1. 谁是本产品的用户？

2. 用户的数量有多大？

3. 他们的需求有多大？

4. 他们何时何地消费？

5. 近期如何满足需求？

6. 他们如何感受产品？

从我们网络营销的角度来看，势必还要分析客户平时喜欢登录哪些网站？偏好哪个搜索引擎？习惯使用哪种即时通？一般什么时间在线等？

我们也可以从自己网站的后台得到一些相关的数据，如来源构成、关键词、IP 地址等。如果是淘宝网店后台，还可以了解到宝贝被访情况、宝贝被访排行等数据。

此外，还需了解后台数据的分析情况，如量子统计。

### □潜在用户的心理分析

同样在销售学中尤其是推销的过程中，我们往往会提到产品介绍的六个问题，具体内容如下所述。

1. 你是谁？

你的企业简介或你店铺的介绍等。

2. 你要向我介绍什么？

产品描述，如何介绍到位成了关键。还记得之前我们提到过不同的消费者应以不同的语言加以介绍。这就是所谓的在推销过程中见人说人话，见鬼说鬼话。

例如，中层消费者着眼于未来。倾向于理智，对现状有发展性认识，视野开阔，没有限制；作决定时考虑周密，充满信心，愿意冒险；思维倾向于无形和抽象。

底层消费者着眼于现在。倾向于情感，对现状只有维持意识，视野狭窄，有限制；作决定时考虑更为周密，注重安全，思维倾向于有形和知觉。

所以我们在撰写软文稿件的时候同样要注意，不同受众人群的语言习惯是不一样的。

3. 你介绍的产品和服务对我有什么好处？

例如，可以省钱、支付方便、物流便捷、货到付款，甚至不满意时可全额退款等。

4. 如何证明你介绍的情况是真实的？

通过实物照片、认证证书、授权证书等来加以证实，如果有第三方认证效果会更好。

5. 为什么我要买你的产品？

通常理由越多越好。我们可以从产品品质的优势、销售渠道或模式、价格优势、服务优势等展开叙述。如现在很多网络销售手机的商家，其出售的手机价格很低，常以欧版、美版或港版等方式来进行表述。

6. 为什么要我现在就买？

给出一个强大的购买理由，往往是卖家对买家的承诺。我们也可以认为是将消费者应承担的风险转嫁到销售者或店主身上。试想，访客好不容易从网络中登录到你的网站，岂能让消费者一走了之呢？这也太随意了吧。应千方百计、想尽一切办法让访客购买。

需要强调的是，第三个问题中事实上隐含着 WIIFM 即 what's in it for me？这个问题很重要。无论是网络上的潜在客户还是传统销售中的客户都会想："在此购买对我有什么好处？"

通常我们会从产品的功能介绍来满足消费者，再通过情感阐述来满足消费者的心理需求。

下面介绍一个功能较强的文案写作方案，其具体步骤如下。

1. 头部标题/引言/图片。

2. 主标题。

3. 客户见证/成功故事。

4. 产品预热。

5. 产品介绍。

6. 价值包装。

7. 行动呼吁。

8. 退款保障。

9. 付款方式。

□我们会发现在9个步骤中，有4个其实都是在回答相同的问题——这对我有什么好处？

客户见证/成功故事：表明购买后的良好体验、实用价值或购买后所带来的一系列的变化。产品预热与产品介绍：这两个自然都是从产品的功能上来回答产品对我有什么好处。价值包装：花100元可以获得1000元的价值，或者是一系列的套餐赠品，或者是拥有更长的使用寿命，或者是拥有更多的功能等；价值包装可直接告诉消费者，一旦购买了该产品会获得哪些好处？

□步骤3完全是从消费者的角度来思考问题，体现出"客户至上"的服务理念；在网络营销中则是"用户至上"。

□"用户"不一定是"客户"。

□但是在网络营销中我们往往既要满足"用户"又要满足"客户"。从百度搜索引擎的角度我们会发现"用户"即网民，那么"客户"呢？更多的是中小企业。百度公司是在为"用户"服务的同时，为"客户"服务的。没有了"用户"，"客户"从哪里来？

没有"客户"不要紧，只要有大量的"用户"，到了一定程度，"客户"就会被吸引过来了。

所以说在网络营销中"用户"重于"客户"！真正是"用户"至上！这年头得罪谁也不要得罪用户。"3Q"大战，QQ自以为拥有了庞大且具有极强黏性的用户群，但是你给用户一个白眼他们就会给你一记耳光！

□千万要记住一点，网络上的转换成本很低。我一直用你的软件是没错，但是我可以在某时刻永久地离开你！我能即刻转换，上一秒用百度，下一秒就用谷歌，你以为你很厉害、很强大吗？

所以我们进一步探讨第三个问题：这对我有什么好处？在满足精准客户的同时，网站上依然是要做好"用户"体验性工作的。

□**增强访客信心**

1. 使用精确的数字来表达，带有小数点的奇数会比偶数更有力量。

2. 向知名人士索取评语，带有照片甚至视频效果更好。

3. 重视承诺，给消费者一个强大的购买理由。

例如，无效退款！我一直在问我们的客户，既然你的产品那么好为何你不敢承诺呢？

要敢于承诺。这是一个将风险转移到自己身上的时代，替消费者承担责任才是企业真正可持续经营发展之路。那些坑蒙拐骗的手段在网络时代是无法生存的，信不信由你！

4. 展示你的证书，或是来自第三方的认证。如淘宝上的"消费者保障计划"，都可以告诉顾客你尽管放心购买吧！

5. 一般公司的执照、权威的认证，条件越苛刻的就越有必要告诉我们的客户或消费者。

我们有一个淘宝旗舰店的客户，那个淘宝店装修模板是购买来的，毫无品牌可言。我就问其为何不将旗舰店"品牌直销"的概念深入地挖掘呢？

首先，你们店的装修必须精美，要有个性、要有差异化，绝对不是随意的跟他人一样去购买个模板就算装修好了。

其次，有多少消费者知道"淘宝旗舰店"这个名字意味着什么？作为消费者没有工夫去关心你是专营店、旗舰店或是品牌代理等。你看到有很多评价，卖得又不错，这鱼儿就主动上钩了。所以"品牌直销"和"淘宝旗舰店"是要告诉我们的消费者，我们是"正品"！我们能成为淘宝的旗舰店是要经过淘宝网层层认证评估的，还需要缴纳一定的保证金；我们是正规厂家网络直销店，而且拥有传统实体连锁店等，诸如此类的重要信息一定要告诉我们的消费者。

6. 来自传统媒体的报道如报纸、杂志或视频，将这些有价值的信息设计在转化页面中。我们是不是经常看到有的网店出现消费者的评论就如同电视购物一样，讲这个产品使用后的体验，对了这就是在暗示你赶快购买、放心购买，增强你购买的信心。

7. 无论是电话客服还是在线客服都要专业、认真、多为客户着想；如果是电话客服的最好声音要好听，感觉精神，甚至可以取个好听的名字，在每一个细节中做好顾客体验性。

8. 在访客购物过程中尽量表明"我们将保护您的隐私"请放心提交的对话框。

9. 设置访客购买后能查到产品或相关的物流信息记录，自始至终让顾客感到放心满意。

10. 退货简单，换货免费。在国内我们总会遇到这样的事情，商家销售迅速但退货极慢且流程复杂，如果商家的退货制度与促销机制一样，也就是发货与退货同等速度，相信在互联网时代，这样的企业要比普通的企业更容易成功。

### □建立文案说服系统

1. 原则

切记在任何一个说服系统中定义的每一个元素：

- 我们希望人们采取什么样的行动？
- 我们试图说服谁采取行动？
- 那个人需要什么才能有信心采取行动？

2. 模式

以性格分析学的四大模型为基础来设定软文描述；或以凯尔西的四个主要气质类型为基础：

方法型——喜欢问"如何？"

自发型——喜欢问"为什么？"

人文型——喜欢问"谁？"

竞争型——喜欢问"什么？"

通过针对这四类气质的语言描述来引导消费者作出判断，也就是在说服他们，下定决心网购。

3. 角色

角色是说服系统的核心。

你有没有发现戴尔公司的网络广告当中有很多他们的客户，并且都是总裁或总经理来担任广告片中的主人公。戴尔公司很聪明，这是一种共赢的模式：一来让他们的客户来推荐更有说服力；二来客户也需要他们来展示自己公司的服务或产品；三来造成一种印象，那就是形成同类群体的"共振效果"。

选对角色等于成功了一半。

这个正如导演拍戏时选好角色就是保证票房收益。

如果你经常使用支付宝，就会发现在首页左边的横幅广告中，有很多图片上的人物都是"草根"，角色非常真实，感觉朴实，有吸引力更有服务力，这就是角色的力量。

那我们在设计网页文案时如何设计好角色呢？

第一，角色人物一般是3～7个。

第二，角色越真实效果越好。

所谓真实就是越具体越好，当然所设计的真实是以我们目标消费者为基础的。

例如，我们的市场目标消费者的年龄以20～30岁的女性为主，月收入为2000～5000元，未婚，日常偏好网游、电影、动画、聊天等。

那我们的角色设计如下。

姓名：扬阳

年龄：23岁

职业：自由漫画设计师

爱好：画画、旅游

性格：既内向又活泼

最想做的事：嫁个有钱人

最不想做的事：化妆

最喜欢的卡通人物：佐助

……

第三，设计故事，植入冲突。

有了角色即人物，自然要有情节，要有故事，而所谓的冲突，实际上是客户的问题。解决客户的问题就是解决其冲突，怎么解决呢？自然是用我们的产品或提供的服务为解决方案。

一般通过以上四项工作之后，转化率自然是有所提升的。真正做好转化率的工作实际上是每天要做的工作，正如 SEO 一样，每一天的工作都是持续不断改进的，所以最后一项自然是优化工作，所谓的优化就是不断地改善、持续地完善。

最后与大家分享 33 种迅速提高转化率的方法。

摘自《行动的召唤》一书，结合我国的具体情况略作修改，仅供大家参考。

我们通过 6 个问题来完整地了解这 33 种方法。

问题一：我能找到我要的产品吗？

1. 调整内部搜索引擎，易被检索到产品。

2. 将畅销的产品放在首页，顾客购买产品有冲动型、需求型和推荐型。

3. 把登录页面与促销活动关联起来。

4. 与顾客一同检查分类、命名和网站导航。

问题二：我能找到让我感兴趣的东西吗？

1. 添加相关产品。

2. 添加恰当的购物导航或搜索引擎。

3. 添加吸引顾客访问网站或网页的互动活动。

问题三：我真的想要这个产品吗？

1. 展示产品大图。

2. 展示正在运行中的产品。

3. 用大标题说明产品的使用效果。

4. 在产品说明中强调产品优势。

5. 使其易于阅读，可使用分隔点、短句及对话形式。

6. 添加已经证实的实例进行推荐。

问题四：我能以适当的价格买到吗？

1. 在促销活动前加上时间限制。

2. 免费送货。

3. 分级展示产品，从一般到最好。

4. 与对手进行对比。

5. 大甩卖，如秒杀或团购设计。

6. 在每一个网页都重复出现促销信息。

问题五：我能信任这个公司吗？

1. 网页设计要整洁。

2. 添加质量认定书等具有权威性的证明书、推荐书等。

3. 添加安全认证，如淘宝消费者保障计划。

4. 增加"加入我们"项。

5. 列出如新浪、百度、淘宝、腾讯的醒目标志。

6. 要彰显个性。

7. 增大字号。

8. 强调能保证退款。

9. 要设计隐私保护、联系我们、关于我们的相关网页。

问题六：我能很容易地购买到产品吗？

1. 在每张网页添加一个购买账号。

2. 在购物车和结算方式中添加"最优方法"信息。

3. 添加再次保证声明，如安全性、可靠性、荣誉等。

4. 在每个网页上都添加联系方式，如电话号码等。

# 第十二章

# 软文营销中的写作艺术

在面向消费者进行营销的过程中，语言是最重要的因素。在一定程度上，它决定了你的产品能否成功营销？你用于描述产品的语言，比你在谷歌上的文本广告位置和点击浏览率重要得多，比网页访问量和微博推广更重要。

—— 美国传播营销协会 CEO　亚历克斯·戈德费恩

## 关于软文隐藏商业信息的探讨

他是一名了不起的刀客。

江湖传言他的第一篇软文不但得到张裕公司的极高评价，而且还获得了报社内部的二等好稿奖，这其实不算什么？值得一提的是 2002 年"刀客"所写的一篇题为"商人有泪"的文章被全国发行量较大的《读者》杂志转载，这其实也不算什么？更值得一提的是一位在国内小有名气的女作家，竟然剽窃了此文。

如今很难读到这样的好文，因为如今的"刀客"都喜欢低调，深藏不露，习惯"暗箭"，不管拿的是小刀还是大刀，镰刀还是菜刀，剪刀还是手术刀，每天砍你一刀，不死也残废；抑或绵里插针，每一天放你一点血，早晚要去见阎王爷。问题是真的能砍倒消费者或客户吗？你一边放血人家一边补血怎么办？

现在的软文肆无忌惮地如子弹一般飞来飞去，软文网站如雨后春笋一般，而软文写手成了"廉价文字工作者"，由于人数众多也被戏称为"蚊子工作者"。

正当群蚊乱舞的时候，有一只会"思考的蚊子"，推了推眼镜问："如何让软文成为营销中的一个品种？如何让软文更有效？这样的"隐含"商业信息真的有前途吗？那些苍蝇大师们到底在做些什么？"

软文的出现是因为硬广告的泛滥导致消费者认知上产生了抵抗情绪，正如不断使用麻药后，体内产生了抗体。无论是报纸、杂志还是网络软文的传播，当消费者一眼瞟去：啊！这是软文不看；当网站编辑或论坛版主一眼望去：啊！这是软文的时候，删除，除非你包个红包给点银子。

随着量变产生质变，软文又该何去何从？

孙中山先生曾经说过："时代潮流，浩浩荡荡，顺之则昌，逆之则亡。"

网络软文，我认为始发于伟大的站长们，他们拥有自己的王国，通过各种方式不断推广自己的网站，而软文最大的妙处就是能被置顶、被推荐，随后流量如浪潮一般涌来，当流量转化成广告收入的时候，那一份成就感犹如杨利伟登月一般自豪。

网络软文与传统软文的一个重要的区别就是有超级链接！

那么该如何写好这样的软文呢？笔者认为可以从以下几个方面入手。

□原创

一来有利于搜索引擎收录，有利于优化；二来复制粘贴的内容很多人都看过，被转载、被推荐、被点击的概率就降低了；如果从搜索引擎的角度而言有一种叫做伪原创。即拿网络上检索出来的文章进行编辑，一般的做法是将首尾两段重新撰写，字数为 100～200 字左右即可。当然，其他段落还是要有针对性地进行相应修改的。

□价值

软文写作的时候一定要明确是给谁看的？会在哪里投放？从读者的角度来思考，本软文对他们来说有什么样的价值？如学习方面、娱乐方面、道德方面。我们是不是经常会遇到一些友人发来的 QQ 信息说某某事，帮忙转发一下。以下是笔者收集的软文与读者分享。

(1) 遇到夜里摆地摊的，能买就多买一些，别还价，东西都不贵。家境哪怕好一点儿，谁会大冷天夜里摆地摊。

(2) 遇到学生出来勤工俭学的，特别是中学女生。她卖什么你就买点，如果她的家境并不困难，出来打工也是需要勇气的，鼓励鼓励她吧。

(3) 捡到钱包就找找失主，如果你实在缺钱就把现金留下。打电话告诉失主就说你在厕所里捡到的。把信用卡、身份证、驾驶执照还给人家，一般人家也不会在乎钱。把人家的地址记在你的笔记本上，以后发达了去找人家道个歉，把钱还给人家。

(4) 上车遇到老弱病残及孕妇，让座的时候别动声色，也别大张旗鼓，站起来用身体挡住其他人留出空位子给需要的人，然后装作要下车走远点。人太多实在走不远，人家向你表示谢意的时候微笑一下。

(5) 遇到乞讨者：遇到要钱的就给他（她）点，遇到要饭的就给他（她）点。

(6) 如果时间还宽裕，而且碰巧觉得我说得在理，那就顶一下我的帖子，总比去顶看了没什么收获的帖子舒服；时间宽裕不少就请把这几句话多转几个地方，毕竟好人多了咱们心里也舒坦。

你是不是也转发过类似的文章呢？或许，你曾经就转发过此文。

提到价值，我们认为在新媒体的营销环境中，价值是企业与消费者在互动中产生的。

随着消费者的权利越来越大，我们甚至可以说品牌非企业所属，品牌是由消费者决定的。

另外，价值也不局限于企业与消费者或客户之间；价值也同样存在于企业与企业之间，企业与股东之间，企业与员工之间，企业与社会关系上。所以笔者认为，价值驱动营销，也是软文营销的核心。

□话题

在推销的过程中，我们会发现销售人员具有一套说辞，简称话术。但事实上，如今话题要比话术来得更好。话题比较容易引起网民互动、热议，最易于转变为"网络事件"。

我们会看到很多网络文章都带有爆料、揭秘、最牛、史上最牛、百年难遇的标题，如"史上最牛的辞职信，400字引用20个典故"，更让读者好奇的事，竟然是一个"保安"写的，其原文如下。

××物业红丰家园管理处：

李云舟者，蜀中高隐，川北野儒也！浪迹江南，栖滞湖州。虽有经天纬地之才，而奈时遇不济，命运多舛，冯唐亦老，李广难封，屈贾谊于长沙，窜梁鸿于海曲；心比天高，身为下贱！自是口吐珠玑，腹罗锦绣，虽无徐儒来下陈蕃之榻，却有文光可射斗牛之虚也！文采风流已临精神世界之绝顶层巅；会当临绝顶，一览众山小，古今才大难为用。文章增命达，魑魅喜人过。吾如屈子之忧时伤世，离骚九歌，离凤飘零！世人瞽瞽盲盲，徒留泪罗之憾也；更加深陈老杜，胸怀尧天舜日之志，指奸斥倭，与世不偕，直落得身世浮沉，屑小共怒。可堪千古一慨！

吾之品格精神，如临风之玉树，又如当空之明月浩然，怎堪与俗流共舞哉！可叹屈身于湖州××物业，为一小小秧护员。诚如伏枥之骥，纵有千里之志，而奈缚手缚脚，无所可为，混迹于碌碌无为中矣！鉴于此，特向公司主管大人先生们引咎请辞！从此踏破樊笼飞彩凤，顿开铁锁走蛟龙。好比那万里白鸥鸥驰，驰骋于浩荡云海之间，谁复可训也！即此以致。

本文虽非"软文之舞"，然区区两天已有数万点击量，实则有研究探讨之价值，本文之所以能引无数网民热议：第一，保安才子，好奇，网友戏称"湖州第一神保"；第二，离奇经历，为何辞职？第三，400字引用20个典故，厉害！到底是怎么写的？

□故事

我们已经在之前的内容中提到过"故事在软文营销中的价值"，就软文写作而言，正如图12-1所示。可表明故事在我们日常生活中的影响力很大。或许你曾经问过雇主："你需要情感型软文还是说理型的？"所谓的情感型通常是带有故事情节的软文。

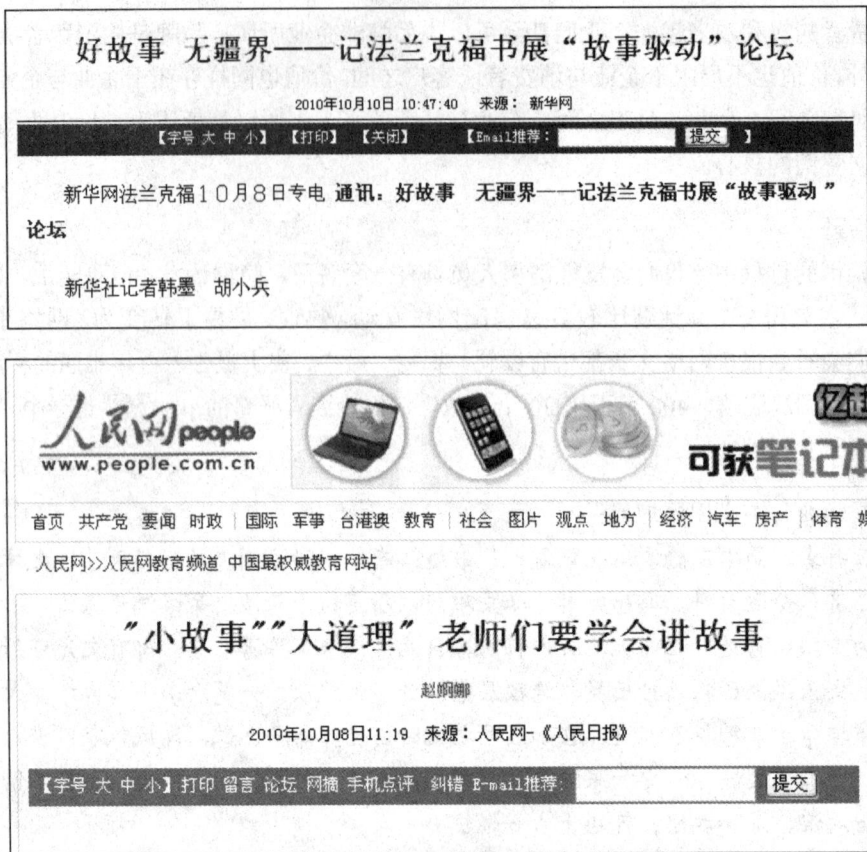

图 12-1　带有故事情节的软文标题

在论坛营销中情感型软文似乎更受青睐，人们喜欢读故事、听故事、讲故事，据国外研究发现：通常人们只能记住故事当中的 3～4 件事情；而如果配图的话就能记住故事中的 8 件事。

心理学家柯林·塞弗特的团队发现，人们在回忆过程中，只会按照故事的主题进行分类，也就是说对故事主题的记忆要比其他细节效果更好。

显然，在设计故事软文的时候一要选好主题，二要去粗取精。

这仅仅是针对普通的故事软文而言的，而品牌故事软文就需更为细致，容不得半点瑕疵。

所谓选好主题，去粗取精：一要看当下热点、焦点、视点而为之；二要看产品或品牌之相关性；三要看投放网点之具体受众。

□位置与频率

软文中隐含商业信息的位置设计，到底哪里出现最为适合？至今尚未有所定论。

如果从软文优化的角度来讲，无论是普通软文还是新闻稿件，为了能更好地做好搜索引擎的排名，那必然会将软文关键词的位置以 SEO（搜索引擎优化）的结构设计。如设计在首段中，甚至为首段、首句，设计在标题中或设计在文章段落的左边。但是这么一来便过多地出现了隐含的商业信息，虽然对优化来说是满足了一定的密度需求，不过就"隐含"两字而言已经不再"隐含"了。

如果从软文的催眠结构设计来讲，所设计的隐含商业信息，最为理想的状态应当出现在回答文章之前设置的问题的答案中，可能在文章段落的 2/3 处，也可能在末尾段，还有可能是一提出问题，便带出"隐含"的商业信息。

就出现的频率而言，一般一次即可，三次为限，事实上三次已经是极限了。那些有着敏锐搜索力的网络编辑或论坛版版主，瞬间即可将它删除，严格时还会封杀你的 ID。

以下我们探讨软文写作手法。

# 四大步骤玩转软文写作

普通的网络软文只是为了吸引流量或传递某种商业信息，事实上软文是通过更新和改变与消费者相关的价值观与购物理念，尤其是品牌故事，有改变购物体验的意义，从而达到交易或交换的目的。

软文的主题其实是与顾客在沟通，但不在于沟通的意图，而在于所引发对方的回应上。软文怎么写应当考虑消费者如何理解、认知、回应？简单来说，就是让消费者或客户从了解到理解，从心动到行动。

示例——《很多个馒头引发的故事》

很多年以前，有一个城堡被外族人攻占。随着战斗的持续，城里的人开始断粮。但是，正所谓头可断、血可流，民族的骄傲在心头。他们宁死也不愿意投降，于是，他们决定将最后的一点面粉制作成坚硬无比的馒头，用投石器射向城堡外的敌军。这不是馒头引发的血案，这是战争。

的确如此，面临同样断粮问题的外族军队，看到这些馒头，以为城里的粮食多得足以活上几年，以至于可以当做武器来攻击他们。他们如此理解后，放弃了围攻城堡的打算，黯然离去，这倒是让城里的人大吃一惊。

语言的微妙之处在于不同的语境中有着不同的含义。由于错误地理解了"馒头"，故而丧失了最后攻克城堡的机会。我们在软文营销中也往往因为缺乏对客户或消费者正确的了解与把握，而失去了很多成交的机会。更多的软文营销往往是以企业领导或其个人偏好来确定"软文"有效性的，也就是主观上的"假设"多于客观上的"分析"。

软文的写作是为软文营销服务的，所以首先应当了解当前软文营销的目标是什么？

□ **了解软文营销的目标**

目标是目的，标乃标尺，把目的进行划分就形成了目标即可有的放矢。所以首先我们要明确公司整体营销上的目标是什么？

要了解公司各个发展阶段的目标、各个层面上的目标以及当下的目标是什么？详细掌握公司的营销战略之后，我们再来确定软文营销的总体目标、各个阶段上的目标、各层面的目标、当前的目标是什么？

最好详细规划出软文营销的目标战略图，对内对外的目标、线上线下的目标、传统及网络媒体软文发布的目标，对广告、对公关、对营销的目标，对于每一个目标的达成还要设定好发稿数量及投放媒体数量。

如果你只是一个软文写手，除了跟客户具体的网络沟通之外，还应当通过搜索引擎找寻更多的资料，如果对方的网站信息全面，比如有电子杂志或可下载的文件那就更好了。

□ **了解受众群体及投放媒体**

对于企业内部从事软文撰写的人员而言，自然了解企业品牌或产品的受众群体，有经验的工作人员对各类媒体也非常熟悉。但是，对于外包的软文写手来讲，或许很难全方位地了解某个企业。但的确是越能详细地了解这家企业的产品与服务、企业的历史与文化、企业高层领导人、企业在行业中的地位、企业的竞争对手、行业的发展状况、客户、供应商、经销商、相关政策对该行业及企业的影响等，也就越能够写出高质量的软文。

如果从网络软文营销的角度来讲，尤其是对于以网站为营销工具的站长、网店店主、工作室或微型企业而言，需要进行相关关键词的调研分析、企业自身网站优化的数据分析、竞争对手网站与网络广告的基本情况，以及详细了解哪些网站的信息容易被搜索引擎收录到百度新闻频道或谷歌资讯频道。其中对关键词的分析特别重要，因为网页内容的优化实际上可以看做是软文的优化，如果能选对一个搜索量大、竞争性小、相关性高的关键词，那么此网页在搜索引擎中的排名就会比较高。

所以笔者认为在软文营销中实际包括三个层面，即软文推广、软文优化和软文传播，前面均已介绍。

那从撰写软文的角度来说，我们应当了解受众群体哪些信息呢？

1. 习惯用语

了解受众群体的习惯用语，就是为了更好的设计关键词，唯有如此才能达到"精准营销"的目的。所谓的习惯用语，主要是针对你当前的服务或产品，消费者或客户会怎么表达？具体内容请参阅关键词一章。

2. 偏好网点

了解我们的受众群体喜欢经常性的在哪些网站上浏览信息、互动讨论、听音乐或看视频，甚至要了解他们喜欢用百度搜索、谷歌还是搜搜？

3. 需求问题

对于我们自己的产品或服务，潜在客户最大的问题是什么？在整个交易过程中，消费者或客户有什么不方便的地方？他们最关注的是哪个点？

□对于投放媒体，孙际铁老师按影响力大小分为以下三类：

● 央视网、新浪网、《财经》、《21世纪经济报道》等。

● 《商界》、《销售与市场》等。

● 地方性大报，如广州日报，大河报，华商报、华西都市报等。

□值得注意的是，有的媒体擅长新闻报道，比如《21世纪经济报道》、北京青年报；有的擅长深度报道，比如《财经》、南方周末；有的擅长实战案例，比如《销售与市场》。

□我想补充说明的是其实把握好搜索引擎也是关键，如以下搜索网站的对比数据。

据艾瑞最新发布的《2013年Q1中国搜索引擎市场核心数据报告》显示，今年第一季度中国搜索引擎市场结构保持稳定。在市场份额方面，百度占比80.6%，较上季度的79.7%略有上升。谷歌占比14.4%，搜狗占比3.1%，搜搜占比1.6%，360搜索占比0.3%。

现在的门户网站具有针对性的效果，而搜索引擎的新闻频道或资讯频道同样覆盖面非常广。假如我们在百度的新闻频道播报5分钟，而你那篇软文是带有活链接的，毫不夸张地说5分钟以后你后台的统计数据当中独立的IP数据可能会达到1000甚至更多。

目前搜索引擎的影响力依然强劲，其是流量的入口。从网络媒体来看，以下站点是需要关注的：百度、新浪、天涯、淘宝、腾讯、网易、搜狐、千龙、瑞丽、阿里巴巴（博客频道）。百度是国内最大的搜索引擎；

新浪是国内最大的门户网站，尤其是新浪微博的发展（当阿里巴巴与新浪合作后，其意义更加深远）应当更加关注；

天涯社区是最容易引发事件营销的板块，人气很旺；

淘宝是电子商务的根据地，它自给自足，虽然封闭了百度的爬虫，但其店长们的热情却与日俱增！淘宝江湖，水深火热，唯有英雄，方显本色；

腾讯乃是一个超级百搭巨无霸，啥都有；

网易与搜狐自然是国内大型门户网站，我这里想说的是，从软文投放的成本来看，网易的费用要低一点，另外被搜索引擎收录的速度也较快，这个很重要；

千龙与瑞丽也一样，其搜录速度较快，费用以不同频道进行收费，具体情况还需具体沟通。事实上有实力的企业完全是可以在门户网站上设置"主题栏目"的。

阿里巴巴（博客频道），很给力，商人社区的聪明、精明与高明都可在博客频道中体现出来。从做生意的角度来看，你不得不关注。

□**设定好软文题材、内容及结构**

题材与内容相比是内容决定了表现形式，还是形式展现了丰富的内容？

一篇软文的两个基本点，应当秉持"四个凡是"：

凡是更有利于推进营销目标的我们应当选择；

凡是更有利于被消费者接受的我们应当选择；

凡是更有利于被媒体采纳的我们也应当选择；

凡是更有利于满足以上要求的我们应当首要选择。

一个内容可以有多个主题，但一个主题必然只能是一篇软文。软文的题材是多样性的，如新闻软文，通过新闻的方式表现；故事软文，以小说、杂文或漫画等形式加以表现。

软文的形式是为内容服务，而内容主要是为营销目标服务。

选择适合的表现形式其主要目的是为了更好地将内容传递给目标人群，也就是说是为了更好地与目标人群沟通。

广告文案中的"能指即形式"与"所指即内容"就是为了更好的"广而告之"，沟通无碍方能销售无极限，而内容与形式的完美结合其目标是一致的，即达成更高的销售业绩或建立与维护品牌。

说到软文的结构：一种是写作思路的结构；一种是文章编辑的结构。

写作思路的结构为"意"，我们将在第十三章中详细叙述。写作中的文章编辑结构为"形"，可以理解为一些小技巧，如软文段落的优化。

所谓软文段落的优化其实是一种阅读上的体验处理，就是让读者能自然而然、很轻松愉悦地读完全篇。一般的做法如下：

□第一段为 1～3 句，字数控制在 200 字以内；

□第二段开始至倒数第二段，其中的每个段落一般为 5～6 句为好。

□最后一段依然是 3 句。

□段落之间的空行显然要比句子之间的空行大一些，清楚就好。

□**定标题**

有过软文撰稿经验的人肯定知道，花一个设计标题的时间往往要比撰写一篇软文的时间长。具体我们已经在标题一章中讲过了，本处不在赘述。

因为标题不吸引人，一切都是白搭；再好的稿件没有人阅读是没有作用的，再好的创意如果没有人点击，也是徒劳的。

本书第二十章有软文案例，仅供大家学习参考之用。

# 一般性软文写作

以下主要与各位读者分享一些常用的写作结构，第十三章我们将深度分析催眠式写作。

□**问答结构**

通过一问一答的形式构成文章，比如 FAQ 常见问题解答，或者是以采访的形式，通过记者提问，被采访者回答的形式构成。

#### □编年体

按照时间顺序来写作，如公司历史或品牌的发展史，我们都可以通过这种较为简单明了的结构，将重要的信息传递出来。

#### □博文式结构

- 标题——提问式标题。
- 第一段——吸引更多人注意，提出问题但不解决。
- 第二段——回答之前提出的问题。
- 列出一个表——表明自己的观点。
- 添加图片。
- 用一个问题来结尾。
- 提供给博客作者的一些实用性建议。

这种结构是非常有利于快速成文的，我们在第十三章的分析中就会知道为什么本结构中，提出问题不急于解决的原因。这种结构被广泛运用在博文写作中，也就是现在的自媒体中。

#### □销售式结构

从销售的角度出发，每个人的头脑当中都存在着以下问题：

1. 你是谁？
2. 这个产品或服务是什么？
3. 对我来说有什么好处？对我而言意味着什么？
4. 你能证明吗？
5. 为何我需要现在就购买？

我们通过解决上述问题，就能够自然构成文本结构。在此提到的是文本结构，显然不仅可以用在文章中，还可以用在文案中，即我们网店产品说明中，也就是现在人们常用的单个转化页面的设计。

#### □数字式结构

在一开始的时候，设定好相关的数字，然后按照数字来撰稿。比如下文中的例子。

下面这些数字有什么共同点呢？

- 1.2
- 25
- 10～2
- 5和3

- 1

如果你按以下方式举例，很自然就能够吸引读者，然后再解开谜底。

这些数字代表无限通讯市场的现况，以及我们能有的作为。

- 1.2 亿是今年卖出的无线通讯产品数。
- 25 是这个市场的年代成长百分比。
- 10 美元是我们的方案在今天的成本——3 年后可减为 2 美元。
- 5 是我们已经取得的专利许可数，还有 3 个在等候裁定。
- 预计我们的利润会在 5 年内将增加到 1 亿美元。

以上案例选自台湾版的《说中大脑想听的那句话，白纸也能大卖》一书。

还有很多非常神奇又有效的结构，他日有缘上课的时候与大家分享吧。催眠式结构因为非常实用，所以作为一章的内容与大家分享。

# 第十三章

# 还有谁想了解软文写作中的
# 催眠结构

同样都是C原子,为何木炭与钻石有着截然不同的命运?其关键就在于内部的结构。

——严刚

相信朋友们一定看过《非诚勿扰》,在讲述本章之前,就让我们先来了解一下《非诚勿扰》中的剧情结构。

□结构是剧本的基础,也是解决问题过程中最重要的步骤。

在《非诚勿扰》中,影片一开始便设计了一个问题:

葛优扮演的秦奋通过买卖他的"专利"所获得的100万英镑会怎么用?这是最先开始的故事——我们设定为故事A。

接下来便开始了秦奋的征婚历程——我们设定为故事B。

□在整个故事B中又设计了很多小故事,例如:

相亲却见到了以往的朋友,是个同性恋,B1故事结束。

相亲却见到了介绍墓地的推销员,谈不成,B2故事结束。

相亲却见到了一个爱上已婚男子的空姐,B3故事开始。

相亲却见到了一个随记随忘的大姐,免谈,B4故事结束。

相亲却见到了一个性冷淡的少妇,谈不拢,B5故事结束。

相亲却见到了一个想为胎儿找爸爸的未婚妈妈,不能接受,B6故事结束。

影片描述着一次又一次的相亲开始以及一个又一个的相亲结束,不断地推进B3故事的发展,最后在舒淇扮演的笑笑跳入大海后,B3故事结束。

B3故事的结束意味着整个故事B的结束;故事B的结束意味着要解决故事A,也就是闭合整个嵌套循环。

□这种结构实际上也是一个完整的封闭式叙事结构,以耐人寻味的场景开头,给观众设置悬念;之后想方设法保持观众的好奇心,可谓"诱敌深入",升华悬念;最后一步一步地解除设置的悬念，让观众知晓结局。

□嵌套循环是催眠大师艾瑞克森使用的一个故事和另一个故事嵌套的方法。

例如：

开始故事 A

开始故事 B

开始故事 C

开始故事 D

□给出指令

结束故事 D

结束故事 C

结束故事 B

结束故事 A

影片《非诚勿扰》就是充分运用了上述的结构来讲述整部电影故事的。

当故事 A 结束的时候也就是整个循环系统闭合的时候，电影就完美地落下了帷幕。

如果我们从大脑意识思考的角度，自然会发现故事情节之间的嵌套就是一个又一个问题的嵌套。

□故事的嵌套结构我们可以从问题的角度进行演绎如下：

提出问题 A

提出问题 B

提出问题 C

提出问题 D

解决问题 D

解决问题 C

解决问题 B

解决问题 A

我们以被定义为"发生在意识结构内的当代动作科幻片"——电影《盗梦空间》为例。

□情节回顾

多姆·科比（莱昂纳多·迪卡普里奥饰）是一个经验丰富的窃贼，并且是一个专门窃取人们心中秘密的贼。犹如随风潜入夜般，进入人们的梦境之中，轻而易举地就能盗取有价值的信息或是向人们展示被尘封已久的记忆。但是有一天，他失败了……

他没能成功地从斋藤（渡边谦饰）那里获得雇主所需的资料，一旦失败意味着将在两天内被暗杀，怎么办？为了保命，团队中的一名成员率先出卖了科比和他的同伴亚瑟（约瑟夫·高登·莱维特饰），就在科比与亚瑟逃离的高楼天台上，斋藤乘着直升机来了。

斋藤对科比说："只要你帮我在我的主要竞争对手，也就是找到全球垄断巨头的儿子费雪（希里安·墨菲饰），在他的头脑中植入遣散公司的意念，我就有办法让你回家。"

科比不仅想洗掉"杀妻"的罪名，更是想早日回家与儿女团聚，于是就答应了。

之后开始了对费雪意念植入一系列的计划，然后在费雪飞往洛杉矶的途中实施了这个计划。但是他们没有想到的是费雪先前曾受过防止在梦中被袭击的专业训练，于是在第一层梦境中，他们受到费雪意念里保卫队的猛烈攻击。

就在科比他们机智地与保卫队周旋后，更没有想到的是又受到了科比前妻莫尔（玛丽昂·歌迪亚饰）的阻挠，使计划几乎失败，但科比最终战胜了自己，摆脱了自己头脑中前妻幻影人物的诱惑，进入第二层梦境、第三层梦境直至第四层梦境，成功地将遣散公司的意念植入费雪的脑中，化解了费雪与其父的矛盾。

但是斋藤却因为受伤留在了梦境里，于是电影就这样开始了……

电影在最后留给大家一个悬念，即科比在"回到现实"与儿女团聚之后，用陀螺测试是否还在梦境中时，电影突然结束，引起人们无限的遐想。

□《盗梦空间》第一幕。

问题 A1：主人公科比为何在海滩上？

问题 A2：主人公看到的两个小孩长什么样？

问题 A3：主人公是否真的要杀斋藤？

□当老态龙钟的斋藤说好像在哪里见过这个旋转陀螺时，电影《盗梦空间》便从第一幕转到了第二幕。

问题 B1：为何科比与年轻的斋藤在吃饭？

问题 B2：科比他们要偷什么？为何要偷？结果有没有成功？

问题 B3：为何科比夫妇反目成仇？

B1 的答案：原来科比是"盗梦者"，他们正在洽谈的是如何通过盗梦而获取有价值的信息，同时提到了斋藤的"秘密文件"。

B2 的答案：科比他们原来接了一家神秘公司的任务，在任务失败后立刻回答出这家公司叫"康柏"公司。

任务失败后其实代表这个情节（小故事）结束，但是就这样顺其自然地进入了第二个情节。虽然 B3 这个问题没有回答，却能够引导观众继续往下观看。

□从剧本的结构来看，一般是开幕——高潮——结局。

在科比与斋藤首次见面的时候，虽是谈表面合作，但实际是对抗，是小对抗，让观众先过过瘾，也就是把观众拉进来；第二个是真合作，科比想安心地回家（点出发生了什么事，他不能回家？），而斋藤可以解决这个问题，于是双方虔诚合作，一致对外，逐步进入高潮。

我们将他们组队的部分设计为第三幕。

问题C1：科比的前妻莫尔原来已经死了，那么怎么死的呢？

问题C2：科比的潜意识极其不稳定是否会影响本次行动呢？

问题C3：这梦中的梦中之梦到底是什么样的呢？

□我们将科比团队进入费雪梦中的部分设计为第四幕。

C2的答案：由于科比的潜意识不稳定显然已经影响了梦境的状况，更糟糕的是斋藤受伤了且危在旦夕。

问题D1：斋藤会死吗？

C3的答案：在让观众看了一个又一个的梦境之后，编剧又设置了一个问题。

问题D2：潜意识的边缘到底是什么样的？是否可以救出费雪呢？

C1+B3的答案：当科比与阿丽雅德妮进到更深层的一个梦境时，也就是在潜意识的边缘时，我们终于完全知道科比与莫尔之间到底发生了哪些事情？

D2+C2+A1的答案：在海滩边上也就是科比说的潜意识的边缘，最后是成功救出了费雪，这个时候也表示已经成功地将意念植入了费雪的意识当中并宣告行动成功。

□当救出费雪之后，返回了影片的开头。

A3的答案：科比是为了救他出去的。

最后大家都到了飞机上且顺利地过关回家。

D1+A2的答案：斋藤被救了出来，同时我们也看到了两个小孩的模样，最终回到了家。

其实我们会发现如果用第一套即故事的嵌套方法来解释，《盗梦空间》的脉络就非常清楚了。我虽然不是一个编剧，但是如果通过这种方式撰写小说或剧本，相信我也会成为一个好的编剧，为什么呢？理由很简单，采用这种方法就能吸引人看下去，观众不会有任何抵抗情绪，可以心甘情愿地看下去，这样的结构就是一种催眠结构。

通常，在一般的广告文案或销售信函的结尾，往往会用"呼唤"读者采取行动的指令，如还在等什么呢？走过路过不要错过！赶快拨打热线×××××××。这或许是一种传统的、很不错的"唤起行动"的方式。众所周知，人们通常是被自己说服的，而不是他人！

这个世界上没有人可以说服你，只有人可以影响你，但最后决定权还在你自己手中！

国外有人把这种嵌套循环结构视之为"催眠式写作技巧"，我认为嵌套循环结构可以被广泛地应用到广告文案、销售信函、产品说明、品牌故事、公关软文中，在网络上的表现即为网页转化率（尤其是在电子商务的网页文案的设计中，如在淘宝店铺、百度有啊、京东、凡客，以及邮件营销、网络软文中的运用）。

如果嵌套循环机构能完美地应用在软文的写作中，那么将大大提高软文的销售力，因为读者在阅读软文的时候，实际上是在慢慢地解开自己的心锁，我们可以说读者被"催眠"了——传统广告的方式是通过重复、重复、再重复的方式来"催眠"消费者的，而运用"嵌套循环结构"是消费者在阅读了"软文"后不自觉地被"催眠"了，结果就是购买了产品，不管是需要还是不需要的，即在不知不觉之中创造了需求。

如果我们在撰写软文稿件的时候，运用这种结构的话，那么对我们的销售或品牌有哪些好的影响呢？如果你先运用了这种结构而你的竞争对手还没有运用，这对你来说又意味着什么呢？

□值得一提的是现在视频与微电影营销已经是一种发展趋势，如凯瑟琳·泽塔琼斯为力士产品所拍摄的微电影，以及吴彦祖为"凯迪拉克"所拍摄的广告片——一触即发。如果我们通过故事营销的方式将好的故事、品牌故事或者演绎产品的故事，以"嵌套循环结构"的方式运用到微电影或自己拍摄的视频中，试问效果会如何呢？

# 参考附文一

### 还有谁想了解生命潜质管理

人类的生命历程，充满了各式各样的彷徨、迷惑、困难、痛苦、煎熬……

千古以来，上至英雄豪杰，下至升斗小民，一再发出呐喊……

我是谁（Who am I）？

我为什么在这里（Why am I here）？

为什么是我（Why me）？

我的命真苦（I am in trouble）。

活着真累（Life is hard）。

所有的彷徨迷惑都是来自于对生命认知的不足。

所有的困难痛苦都是来自于对生命错误的认知。

当我们的生命知识源起于自己或是别人过去的经验，就是一种认知的不足，也可以说是一种有限的知识，后果就是带来彷徨与迷惑。

当我们进一步应用这些不足或有限的知识，那么必然出现痛苦煎熬的后果。

如果你的生活里没有彷徨与迷惑，没有痛苦与煎熬……

那么会是什么样的生活呢？

你准备好了吗？

完整正确的知识是什么？

完整正确的知识在哪里？

怎样做才能得到完整正确的知识？

你准备好了吗？

# 参考附文二

## 一个×××网新人的心声

创业留下的伤痕，另我陷入财务的泥潭里，就如同《笑傲江湖》中"任我行"被囚禁在密室之中不能动弹，抑或像一根铁链，它紧紧地束缚我迈向远方，去实现人生的梦想。曾经多少次心中渴望成功，再一次的想创业，可是你没有钱，又该何去何从？

记得读大学的时候，由于家境贫困，校园内多彩的学习生活，常常使我望洋兴叹，甚至连自己喜欢的女生也不得不敬而远之。望着月色下走过的一对对情侣，浪漫情怀顿时在心中升起。但是，正如当时校园中流行的一句话"没有钱，就没有女朋友！"

在这样一个物欲横流的社会里，经济是基础。所谓没有面包的爱情又怎么能长久。有人做过统计，在上海娶一个中等条件的老婆，要花费 1 500 000 元，包括房子、车子、谈恋爱时的支出等一切开销，而要想获得这 1 500 000 元你至少年收入为 100 000 元，连续 15 年不吃不喝，方能娶到老婆。若年收入为 100 000 元就是月收入约为 8333 元，试问当今社会有多少男人月收入能超过 8333 元？若只有超过 8333 元/月才能娶老婆，那么不超过 8333 元/月收入的人该怎么办呢？

办法就像海绵里的水，要挤总是有的。后来我选择了×××网，一个可以通过撰写软文来赚钱的网站，并通过推广产品来推广该网站。点击进入主题后通过发挥自己的专长，帮助个人或企业解决问题来增加自己的收入。你可以兼职亦可以专职，你可以成为写手也可以成为推手，全凭个人意愿行事。

想当年能谈得起恋爱，就是自己通过兼职写文章到处投稿赚来的辛苦钱。因为深知钱不是万能的，可是没有钱是万万不能的，因此后来选择了自己创业。但是创业难，难于上青天呀！一失足成千古恨，再回头是债务身。不过我相信，通过与×××网的合作，不但可以赚到钱而且能积累人脉，为我二次创业做好了准备。我相信天道酬勤，天地任我行；我也相信人人都能赚钱，人人都能成功。

本文是一篇目前大家普遍认同的"软文"，尤其是站长或网店店主们，专以嵌入"关键词"为主要动机，所谓的"绵里藏针"，投放在各大论坛、博客、社区中，列举本文以介绍催眠结构，仅供参考。

# 第十四章

# 网店营销中的软文策划

流量是金，内容为王
——严刚

本章所指的网店是指依附于大平台中的网络商店，如淘宝、拍拍、太平洋电脑网 IT 商城等。我们先从网店自身出发，再从新网店与老网店两个方面来介绍。

网店营销之根本是网店销售的产品，而网店是什么呢？网店如同大卖场中的"终端销售"，营销必然是从产品开始的。那么对于网店来说，要想更好地推广自己，要想更快速地与访客成交，自然要考虑网店装修，与"终端平台的设计"是一样的道理。

一般我们所要考虑的有 Banner 设计、旺铺招牌设计、Logo 设计、宝贝描述、产品图设计、栏目设计。由于我们自始至终是在他人的平台上，网店网址很长该怎么办？最为理想的状态就是再设计一个独立域名，之后转向这个网店即可。设计独立域名的主要目的就是为了推广。

如我们将自己的官方网店直接与我们的独立域名捆绑，如此一来，既有利于一定的搜索引擎优化，又能够被更好地传播出去。这样设计的好处还可以积累我们的访客资源，假设有一天我们不在淘宝网上开店了，客户依然能直接通过域名找到我们。在传统生意当中，一旦我们换了店址，在没有会员资料的情况下，我们很难一一通知我们的客户，但是通过域名积累的资源就不一样了。只要访客收藏后记住了我们的域名，在任何时候只要输入域名就能直达，这种方法不但能降低营销成本，而且能激活我们潜在的客户资源。

由于我们先前已经介绍过网站中的网页文案设计，所以此处涉及的网页文案设计就不再赘述了。

首先介绍新网店该如何做好软文策划。

笔者认为新网店要想在竞争日益激烈的互联网上脱颖而出，应当从以下几个方面入手。

□信任度

首先以新闻稿的形式，在各类门户网站上发稿。一般有四大门户网站、区域性门户网站及垂直型门户网站。发稿的目的一是通过权威门户网站来提升信任感，增强潜在客户的安全感；二是能够被主流搜索引擎抓取。

笔者认为适当地通过传统媒体报道也是相当好的，因为从目前来看报纸和杂志的信任度及权威性依然要比网络媒体好。我们可以将媒体中的报道，通过电视或视频的方式转载到网络上进行宣传。

如果大家喜欢看《华夏地理》杂志的话就会发现，很多品牌的相机会通过与旅游相结合的方式来进行推广。例如标题为"××品牌之××地之旅"，或是在一张精美的图片下面附上广告语及注明使用××相机所拍摄的文字。

其次可以通过问答的形式，如百度知道、新浪爱问、搜搜问问等具有问答形式的平台。怎么问？自然从消费者或客户的角度进行提问。

1. 这家店怎么样？

2. 有没有谁买过这一品牌的产品呀？

3. 谁使用过这家店的产品呀？

怎么答呢？

1. 通过掌握的多个 ID 来回答。

2. 内容多一点丰富一点且附上网址。

3. 回答与提问的时间，自然要有一定的间隔。

4. 不一定全是好话，适当的如实告知效果会更好。

5. 有时候我们从消费者体验的角度来回答效果会更好。

一般我们会从百度后台工具中检索相应的关键词，随后提出有针对性的问题。我们之所以通过问答的形式来推广和提升信任度，是因为在网络环境下的消费者习惯并特别喜欢进行搜索和分享。每个人获得信息的速度相当快，N 年以前或许你还可以通过区域差价来赚取利润，但现在很难，因为很多行业的价格都相当透明，所以网民们可通过检索来进行价格比较，并通过各类平台来了解你的网店是再方便不过的事情了。

还有就是利用点评。

无论是来自大众点评网还是门户网站中的点评，或是来自 QQ 等聊天工具的点评，或是语音拍摄，或是来自传统客户，通过评论可使我们成为有心人，便捷地收集所需信息。

通常的做法是将收集来的资料通过图片或视频的方式转载且设计到我们的网页中，以此来提高人们对新网店的信任度。

最后我们也可以整合上述多种做法，将散落在网络中的资料，完整地汇总到一个网页中，形成"专题报道"，这种做法很给力。

作为新店，我们缺少交易记录，但是可以创造一些条件来促使消费者购买。

**□搜索度**

我们在提升信任度时，可以设计搜索度，凭借对关键词的把握以少量且多角度的文章来达成信任度、搜索度及之后谈到的美誉度。

其实搜索度可以理解为品牌维度当中的认知度，但搜索度的概念要比认知度来得更广。一般唯有认知才会去搜索，但是通过对搜索关键词的设计，很多时候我们就能让那些不了解我们产品的潜在客户通过检索发现我们并找到我们。

那么我们该如何设计搜索度呢？

搜索度是指在搜索引擎中的可见度，也可以理解为曝光度。有些品牌你无论怎么搜都能检索到，甚至与其不相关的信息也能经优化后被找到，但有些品牌却怎么找也找不到，可见其在搜索引擎当中的搜索度相当低。一般搜索度与其被检索出来的网页结果数量是成正比的。

搜索度高的产品必然在搜索引擎中涉及的关键词所在的网页数量就多，反之则亦然。

针对新的网店而言，不仅要设计好搜索引擎的搜索度还要设计好所在平台的搜索度。就拿淘宝来说，店内检索或许要比店外检索更重要一些。

以下方法有助于提升搜索度。

1. 做好关键词设计。

2. 做好关键词在标题中的设计。

3. 做好关键词在宝贝描述中的设计。

4. 选定好专为搜索排名而设计的宝贝。

5. 设计好宝贝价格（以淘宝为例，价格低的往往排名更靠前）。

6. 适当参与平台推广活动，在同等条件下，参加消保的要比没有参加消保的排名更靠前。

7. 适量增加新店的内外部链接。

8. 专门在门户网站及论坛中设计投放与搜索度相关类型的软文。

9. 如何更好地优化关键词请参考第七章的内容。

**□美誉度**

对新的网店而言，或许要经过一段时间的运营才会有美誉度也就是口碑评价；但事实上我们以往得到的一些奖项，比如专利、商标、授权书、资格证等均能提升信任度，尤其是来自第三方且得到了社会大众公认的奖项，也能形成好的口碑。

无论是企业网店还是个体网店，最基本的美誉度都是来自于服务，一般做法如下。

1. 良好的体验

网店装修要好，从视觉上到听觉上都要有舒适感。

支付要方便，发货要快捷，回复要及时，包装要做好。

2. 细心贴心的服务

客户的任何问题都是大事，想客户之所想，急客户之所急，应将任何潜在问题都消灭在襁褓中。

此外提升美誉度的做法与上述信任度及搜索度是一样的，都需要借助平台来操作，其不同之处是内容。

针对美誉度来设计好软文的操作方式如下：

一般在门户网站发的是消费者体验类的文章。

在点评或是问答中阐述该网店的服务，以及用后对产品的感受。

网店所在平台要做好客户评论和引导工作，淘宝很多店家会为了一个好评而飞往遥望着的买家那里，可想而知点评的价值。

有的新网店起点非常低，真的是什么都没有，没钱、没人甚至没什么好货。望一眼网店之林，汗如雨下，竞争实在是太激烈了，这种情况下又该怎么办呢？

可依赖品牌故事、网店故事、创业故事、产品故事甚至其他有助于带来正面影响的故事，也就是说你要有创意的传播你的网店。

老网店除了参照新网店的做法之外，还有以下策略可供参考。

1. 活动

老网店是已经拥有了一定的客户群，各方面条件均较为成熟，从传统营销的观念中我们知道，开发一个新客户的成本要比维护一个老客户的成本高 5～7 倍，且不论以前的理论是否在新的营销环境下是否有效，但有一点是可以肯定的：卖东西给熟人要比陌生人容易。所以老网店的软文策划当从活动开始。

2. 创意

要想通过活动更上一层楼，唯有好的创意才能实现。在此所指的活动不仅仅是一般的促销活动。如"满十送一""跳楼价""吐血价"，这个是有一定效果的，但不足以在活动中引起轰动。

我们必须将活动的高度引导到"事件"中去，甚至可是一场"运动"。不过要注意以下要点：

1. 创意即创造生意。

2. 创意不可伤害品牌。

3. 把握好优惠政策在新老客户之间的关系。

4. 打折可以但不要把自己的品牌也给打了折。

5. 活动除了当下的销售也要考虑到长远的发展。

6. 发赠品可以，但要尽量赠送与自身产品相关的产品。

7. 事件营销是把双刃剑，实力是基础、活动是开始、创意是关键。

所谓的"事件营销"不一定是什么"大事件"，可以是一个"活动"，可以是一个"话题"，我们将点穿成线连接成面故而引起社会大众的关注，达到关注事件即关注网店本身的效果。

3. 平台

平台似火箭助推器，可以为活动策划起到事半功倍的效果。达到不鸣则已，一鸣惊人；不飞则已，一飞冲天的效果。

软文策划的过程中选好平台很重要，其基本特征如下：

1. 流量巨大。

2. 目标精准。

从软文的内容上来看，其作用如下：

1. 论坛驱动活动。

2. 门户彰显品牌。

3. 网络媒体带动气场。

所以我们在论坛上发的软文一般以"创意故事"为主，随后通过网络媒体进行传播，再从网络媒体中引来看客形成气场，其效果如下：

论坛发的是创意故事——互动。

门户播的是新闻故事——推动。

媒体播的是热闹趣事——心动。

□ **友情提醒**

随着微博与微信的广泛使用及迅猛发展，微博更能互动，微信更便于传播。如今新浪微博与阿里联姻必然会给淘宝网店带来更多的商机、更高的销售量、更好的品牌传播效应，至于如何设计，还要以多媒体联动方式为主。

# 第十五章

# 软文策划中的扩展阅读

学习的目的全在于应用。
—— 毛泽东

以下是我们在实际的操作过程中所感悟到的一些思路,供大家参考。毛泽东曾经说过:"学习的目的全在于应用。"即所谓的一生二,二生三,三生万物。

□ **当我把报价方案设计成促销方案以后所发生的事**

大家是否同意这样一个观点:不断成交就是在不断成功,不断的小成交就能不断地走向大成功,最终成就辉煌!

每一次销售的成交就是一次小小的成功,如果我们将其引用到人生中也是如此。谈情说爱不是你"成交"了我,就是我"成交"了你,这个就是从推销的概念中引出来的,感情之事不是你成功的推销自己,就是对方成功的销售了自己,最后达成一致,即可成交走向婚姻的殿堂。

在整个市场营销的过程中,我们始终千方百计地想与客户成交,有的客户是大客户,尤其是企业与企业之间的交易,肯定是需要"报价"的,对不对?报价意味着什么?其实是客户在"比价"。

请允许我再一次通过谈情说爱来描述,直白地说就是客户在同一时间与不同的供应商们谈恋爱。看谁的方案好,看谁出价低,看谁的资质或条件好,进行诸如此类的比较之后,最后拍案成交,于是我有一个秘密想告诉大家——

我们可不可以运用促销的思路来进行报价呢?假如将"报价方案"设计成"促销方案",运用软文的写法来与之"成交",感觉如何?有没有可能促使客户迅速作出决定呢?B2B 网站之间的销售周期会比较长,往往不是一个人说了算,经常会通过内部讨论来决定,当我们以"软文策略"来完成一份报价方案时,相信成功的几率会更高。

此外你有没有想过,通过软文的方式进行应聘或招聘?

你有没有想过通过软文的方式要求加薪或晋升呢?

你有没有想过可以通过软文的方式撰写情书呢？

你有没有想过通过软文的方式进行项目合作呢？

……

□**不得不提的平台：百度贴吧与百度百科**

百度贴吧是全球最大的中文社区，百度贴吧的人气和流量令人羡慕，据百度贴吧总经理舒迅接受中国证券报独家专访时透露，其流量峰值已经突破 10 亿。

舒迅表示，作为唯一一个"土生土长"的中国互联网产品，百度贴吧兼具媒体信息发布的功能，同时也兼具个人网络交流的功能，因此是"论坛+社区网络"的综合体。

网站的推广往往都是为了提高流量，软文的发布主要也是为了吸引眼球、传播资讯、点击链接或搜索关键词。

我们为何不"借力"发力呢？借百度强大的流量来提升自己网站或网店的知名度，正可谓借力发力而不费力。因为在贴吧上发稿基本上是免费的，我们可以连载我们的品牌故事，我们可以策划一起"贾君鹏"事件，我们可以建立自己的平台来培育消费者……还是那句老话：没有我们做不到的，只有我们想不到的。

那百度百科呢？

如果我是你，首先肯定会让公司的介绍或品牌故事率先出现在百度百科中，因为在 5 亿多网民中有 80%的人通过百度检索信息，你一定认为那是很自然的一件事，就是百度百科当中的"软文关键词"肯定会排在百度的首页。这不正是一种免费的推广方式吗？

如果从搜索引擎优化的角度来讲，百度百科词条其网页级别一般都是在 3 以上，有的甚至可以达到 5，所以说百度百科这块阵地是必须要占领的。一般而言内容当中是不允许有链接、电话或者是 QQ 号的，但是在百度百科的扩展阅读中，是可以加的。

另外网友建议参考资料的操作方式如下：

参考资料可以先把网站的主题定位好，然后在权重高的网站发几篇软文，把软文的链接添加到参考资料正文中，这样百度会对你的信任度大大提高。

现在百度百科貌似审查得很严格，那该如何是好呢？可通过互动百科来实现。

□**关于软文发帖比赛的建议**

随着威客人数的日益增长，威客类网站也逐步增多，企业外包服务日渐频繁。考虑到很多企业管理人员，尤其是刚刚建设好网络部但却不知道如何操作的新团队，如果是通过软文发帖的方式进行推广的话，那么对于发帖比赛的建议如下：

1. 确定稿件主题及投放的目标人群。

2. 确定发帖网站类型，可以具体提供网站名称，如新浪、腾讯、网易等，也可以细致到门户类网站的具体栏目，如新浪汽车频道，具体网站可以参考本书附录中的内容。

3. 一份稿件只能在一个网站上发布；如果是大型门户网站可以投放 3 个点。

4. 不同网站中文章的标题必须不一样，若能处理好首尾两段的内容，会更有利于被搜索引擎收录且更易检索到。

5. 帖子自然是主题帖且是首发的，如果有人率先发布的话，在同一个网站或板块中第二个发布的往往会是无效帖子。

6. 帖子的 URL 可以在不注册的情况下被打开，能够正常显示文章内容即可。

7. 最好不要群发帖子，尤其是以品牌营销为主的公司或网店。

8. 整理好帖子所在网站的 URL；烦请参考附录一中的内容。

9. 对于能被置顶的、推荐的帖子当以重奖，以谋求长期发展。

10. 一般衡量发帖效果的要素有回帖量、点击量、搜索量及转载量。

## □碎片式营销的力量

碎片就是让子弹飞。

它是一种什么样的武器呢？正如我们玩过的"魂斗罗"游戏中的 S 散弹，捡起后吃下去，扫射出来的子弹就是散弹。

一次在某学院讲课中同学问我："以前还有写日记的习惯，但是现在不知道为何写不出来了？"

我当时的回答是："无法将心得感悟撰写成篇，往往是因为你已经释放出了某种情绪，如你与好友聊天、写个签名、发个短信，或是在博客上唠叨了两句，你的某种情绪甚至可能在回帖中已被释放掉了。"

网络时代，我们能够自由选择的事物越来越多，但持续选择的能力会越来越弱，并不是我们不够忠诚，而是难以抗拒多元化的诱惑。我们是在自然或不自然中作出选择的，结果总是在事后才发现自己已经作出了选择！

正因为如此，营销的大变革早已经悄然兴起，我们总会发现一个成功的项目，一次成功的推广往往都是整合式的、多渠道的，甚至是混沌的。

比如需要平面图文设计的地毯式轰炸，需要电视广告视频多方位的重复播放，也需要网民们的互动参与，还需要消费者的直接亲身体验。简单来讲，营销就是需要利用各种各样的工具来达成我们的目标。

工具很多，于是形成一种碎片式的力量，正如"圣斗士星矢"中的天马流星拳，90个/秒拳头；抑或来一击百裂拳，有没有杀伤力，只有试过才知道。

碎片式营销的力量，就是基于此。

一般现在的"网络碎片"渠道有视频植入、签名、回帖、微博、评价、标题、链接文字、微博客、软件代码植入、PDF、PPT、电子书等。

传统方式也有不少，如明信片、名片、广告笔、广告伞、环保袋、电话语言广告、汽车上或房屋窗口上设计的 LED 显示屏广告、传单、购物券、折价券、海报、日历、橱窗展示，等等。

值得一提的是社会媒体工具如订阅、分享及自问自答，列举如下。

1. 百度知道。

2. 搜搜问问。

3. 天涯问答吧。

4. 雅虎知识堂。

5. 搜狗问答吧。

6. 有问必答。

7. 新浪爱问。

8. 新浪微博。

9. 腾讯微博。

10. 搜狐微博。

11. 网易微博。

12. 人人网。

13. 开心网。

14. 搜狐白社会。

15. 淘江湖。

16. 饭否。

推荐一个国内最大的社会化分享按钮网站 http://www.jiathis.com，据说可以进行二次开发。我们可以在最短的时间内，通过网络开发技术以最快的速度将信息进行传播，笔者深信微博营销会更广泛，而软营销也将登上历史的舞台。

碎片化营销可以理解为游击营销，对于中小企业而言，尤其是现在的网店店主们，完全可以通过游击营销破空而出，要知道在网络上人人都是平等的，机会均等就看你自己的营销能力了。《游击营销》一书的作者杰伊·康拉德·莱文森曾经讲了这样一个故事——

## □一个故事所引发的思考

他们受雇于一家全美排名第 31 位的烟草公司，经调查发现，这个品牌竟然被认为是女性品牌。于是这家公司提出建议：是否可以提升这悲惨的品牌排名并赋予这个品牌更多的阳刚之气。

雇主问："你们可以办到吗？"

莱文森回答说："我们可以试试？"

于是他们提出了一个叫"万宝路乡村"的策划方案。在莱文森与同事去这家公司的路上，由于他非常兴奋地与同事谈论着自己的创意方案，那个司机回过头来瞧了瞧说："你们是广告公司的吗？"

莱文森答道："是的。"

司机问："你们认为自己的设计会有用吗？"

莱文森答道："有用。"

司机笑着说："呵呵，广告对我肯定没什么用处，我从来不会因为广告或者促销而买任何东西，绝不！"

坐在一旁的莱文森的同事问道："那你用的是什么牙膏呢？"

司机回答："哦，我用的是 Gleam 牌牙膏，但这跟广告一点关系都没有，因为我天天开车不可能每餐饭后都刷牙！"

莱文森后来说："当时，Gleam 牌牙膏的广告语就是针对那些无法每餐后都刷牙的人而设计的。"

不过更有意思的还在后面呢。

当他们将"万宝路乡村"的创意给这家公司的负责人看后，这家公司的负责人同意实施他们的营销方案，当时他们的投入是 18 000 000 元/年。于是，大家就看到了那个万宝路的广告，牛仔、草原、骏马的形象映入了我们眼帘。

1 年以后，万宝路香烟这个全美排名第 31 位的品牌的位置在哪里呢？没错，真的没错，依然是第 31 位。通过对 5 个城市的调研发现，大家依然一致认为这个品牌就是女性品牌。

很多年以后，全世界每售出 5 包香烟中就有 1 包是万宝路，直至今天，万宝路已经是全美销量第一的品牌，而且是所有品牌中的第一，不论男女。这到底是怎么回事呢？在整个市场营销和广告中什么也没变，仍然是万宝路男人，仍然是万宝路乡村，在美国的电视上也不再播放，这个形象自从第一次出现以来从未改变过。所以说企业的高度是由企业领导人的高度来决定的。

就在当年莱文森知道 1 年后投入的 18 000 000 元并没有给这家公司带来任何变化时，万宝路公司的主席乔瑟夫·古曼四世却亲切地说："嗨！你们说过这需要时间，那么我应该是最能坚持的人之一。"

当年索尼在开发美国市场的时候，因品牌知名度不高，市场销量并不好，导致连年亏损。后来，终于有一家公司愿意订购 100 000 台索尼半导体收音机。这样一笔大订单，完全超过了当时索尼的总资产。索尼公司的董事会成员听到这个消息后非常兴奋，一致认为盛田昭夫绝对不能拒绝这笔从天而降的订单。但是，盛田昭夫却断然拒绝了此订单，原因是购货方要求在产品上贴自己的牌子。

结果是索尼公司拒绝了 100 000 台半导体收音机的订单，忍受了 10 年在美国市场的亏损。如今大家已认可了索尼的品牌。

营销的效果是需要时间来检验的，现代人都太急，大老板也好小老板也罢，谁能够看淡眼前的利益？谁就能够享有品牌的巨大收益。当你的营销没有达到期盼的效果时，不妨参考以下内容：

当一个男人第 1 次看到一个广告时，其效果等于他没有看到；

第 2 次看到该广告，他也没留意；

第 3 次看到该广告，他意识到他的存在了；

第 4 次看到该广告，他会朦胧地记得在哪里看到过；

第 5 次看到该广告，他看了一遍广告；

第 6 次看到该广告，他对它嗤之以鼻；

第 7 次看到该广告，他看完之后会认为哦！兄弟；

第 8 次看到该广告，他看完会认为这儿也有那该死的东西了；

第 9 次看到该广告，他在考虑这东西是不是有点意思；

第 10 次看到该广告，他会问他的邻居是否使用过该产品；

第 11 次看到该广告，他会想这东西哪里来这么多钱做广告；

第 12 次看到该广告，他认为这一定是个好东西；

第 13 次看到该广告，他认为这玩意可能有些价值；

第 14 次看到该广告，他感觉自己想要这个东西很长时间了；

第 15 次看到该广告，他会因为自己买不起这个东西而干着急；

第 16 次看到该广告，他在想自己有一天一定能买到它的；

第 17 次看到该广告，他为它做了个备忘录；

第 18 次看到该广告，他诅咒自己贫困；

第 19 次看到该广告，他在认真地数自己有多少钱；

当他第 20 次看到这个广告时，他自己去买了这个产品或是让他妻子为他购买了该产品。

### □不敢相信，当软文与竞价排名结合以后

牛顿小时候很有意思，他给大猫开大洞，给小猫开小洞。

现在凡是参加搜索引擎竞价排名的情况，正如同牛顿小时候的顽皮一样。那是怎么回事呢？

我们通常认为一般在百度上进行竞价排名的企业，凡是打开后网页进入的肯定是首页，其实不然。

我们可以让我们的访客进入我们指定的任何页面，于是，你有没有想过如果我们的网站促销页面直接与竞价排名相结合，也就是说我们设定好精准关键词后，凡是能检索到我们网站的就是我们的客户或消费者，如此一来是不是大大提高了营销的投资回报率。一来可以更有效的利用竞价排名，二来也更容易将访客转化成顾客。

可以直接引向我们的促销页面，当然也可以引向我们的公关信函、销售信函、广告视频、下载促销卷、公司上市公告、新产品说明、市场调研，等等。

### □软文营销中的新闻营销

所谓新闻即最新发生的人们未知、欲知、应知的对事实的报道。

人类天生有着求知的欲望，很自然在广告轰炸的年代，对新闻的认可度要远远高于

广告。

所以早期的软文被称为"新闻性广告"或"广告性新闻"，随着网络媒体环境的不断演化，网站站长们将"软文"一词进一步深化，或许没有"新闻点"，但却隐含着"关键点"。

在整个网络媒体环境中，投放一篇"新闻稿件"，既可以通过编辑进行筛选后发布，又可以自己在免费的论坛上发布；既可以达成媒体、企业、消费者三者共赢的新闻需求，又可以体现企业新闻营销的成功。

新闻营销的成本很低但可信度很高，虽然对销售不一定能起到直接的促进作用，但有利于品牌的创建、推广和维护。新闻营销有效果，但不知何时彰显，后劲比较足，而且有利于二次开发和传播。

有人认为广告花 100 000 元所要达到的效果，新闻策划花 1000 元就能达到。成功运用这一手段进行宣传的企业，有 30%的名声来自于企业 1%的新闻宣传费用。那么在新的营销环境中我们该怎么操作呢？

一般企业运作网络新闻软文的方法如下：

1. 选好新闻点

凡是网络热点、焦点、视点或网络事件的新闻，都可以嫁接到企业新闻软文当中。

2. 对稿件进行优化

优化是针对搜索引擎的优化而不是读者优化，优化的主要目的是为了更好地传播，主要是在搜索引擎中自然检索与传播。若关键词设计得巧妙，既能满足读者阅读体验，又能起到软文优化的效果。但是，我们切记不能为了优化而优化。

3. 集结网络新闻软文

我们可以将自己投放的、他人转载的或他人撰写的有利于企业的网络新闻，集合成一个专题页面，以提升访客对品牌的认知度及其信任感。

试想，如果我们能在一夜之间，在全国所有媒体上发布我们的产品信息会怎么样？如果媒体不断跟进报道我们所设计的新闻，那又意味着什么？

### □微博客中的软文营销思路

2010 年 9 月 9 日，新浪发布《中国微博元年市场白皮书》，这是国内首份针对微博市场的白皮书。

新浪微博月覆盖人数约 4400 万人，到 2010 年底中国互联网微博客累计活跃人数注册用户数量突破 6500 万人，2011 年突破 1 亿人，2013 年国内微博客已经进入成熟期。

□有人说微博客的力量是博客的 200 倍！

第一，能写并有意愿写有价值微博的人群是博客数的 4 倍。

第二，这群人的人均微博产量是之前人均博客数产量的 5 倍。

第三，有时间并且愿意读微博的人群是博客数的 2 倍。

第四，适合阅读微博的场所和碎片时间加起来是博客的 5 倍。

且不论数据的正确性，相关数据相乘就这么得到了 200 倍。

也有人认为：

当你的粉丝超过 100 人，你就好像是一本内刊；

当你的粉丝超过 1000 人，你就是个布告栏；

当你的粉丝超过 1 万人，你就像一本杂志；

当你的粉丝超过 10 万人，你就是一份都市报；

当你的粉丝超过 100 万人，你就是一份全国性报纸；

当你的粉丝超过 1000 万人，你就是电视台。

微博客的力量日益凸显，面对微博客如此蓬勃的发展，我们该如何通过软文来实现企业、网店、网站及个人的营销呢？

我认为最重要的一点就是发布有价值的图文信息。

所谓有价值的信息是相对而言的，这个正如垃圾，有的人视如粪土，有的人视如黄金。也就是说有的人喜欢娱乐信息，有的人喜好国内外新闻。

如果从名人微博客的角度来看，点击关注的并非都是喜欢你的粉丝，有的只是好奇，有的说不定是跟踪名人，乘其不备，借题发挥。所以名人从表象上看光彩照人，实际上多半活得比较辛苦，因为不自由也不自在。其一举一动，针对庞大的粉丝群来说都是有价值的信息。

如果从企业的微博而言，必然会有具体的目标市场客户群，关注它的多半是其忠实的品牌粉丝，所以相对而言，有价值的信息自然是跟企业相关的，事实上凡是跟品牌有关的信息都可以称之为有价值的信息。

通常提供有价值的图文信息的方式如下。

1. 小故事（可加插图）

微博客能发的字符数为 140 个，完全可以编写一个小故事或微型小说。如世界上最短的爱情哲理小说——你应该嫁给我吗？"不。"于是他俩又继续幸福地生活在一起。

我们完全可以设计品牌故事或网店销售过程中的趣闻，等等。关于故事的魅力，我们已经在其他章节中阐述过，在此不再赘述。

2. 新闻热点（可加有趣的图）

新闻热点、焦点、视点都是大家的关注点，这个同动漫迷们喜欢看动画片是一样的，谁要是第一个将定点播出的动画片上传，则他的视频点击率必然是最高的。

就拿《火影忍者》来说，每周四晚上 21:00 以后肯定可以看到中文版，如果看不了至少能看到英文版，笔者肯定会在那个时间段进行搜索。

当我们所提供的"新闻"是大众迫切想关注的，那么其无论是点击量、转发数还是粉丝量必然是呈上升趋势的。

上述提到的动漫热点，其实是窄众市场的需求点。如果我是直销行业的从业人员，必然会对直销行业的一举一动牵挂在心；如果我是培训行业的从业人员，必然会更多地关注自己所喜欢的讲师的课程。

3. 分享知识或经验

微博客一：人生需要放下的 8 样东西。

- 压力：累与不累，取决于心态。
- 烦恼：快乐其实很简单。
- 自卑：把它从你的字典里删去。
- 懒惰：奋斗改变命运。
- 消极：绝望向左，希望向右。
- 抱怨：与其抱怨，不如努力。
- 犹豫：立即行动成功无限。
- 狭隘：心宽，天地就宽。

微博客二：老婆要怎么疼？

- 经常亲吻她，趁她不注意。
- 过马路时牵她的手，即使吵架以后。
- 一起听她喜欢的歌和看她爱看的电影，陪她感动。
- 让她躺在你的腿上，可以抚摸她的头发。
- 陪她买菜杀价，她做饭你做汤。
- 在大庭广众之下背她或停下来拥抱她。
- 永远不会丢下她一个人，就算她无理取闹时也一定要保证她的安全。

最后我们不要忘记，发布有价值信息的目的是为了能聚合更多的粉丝数量，是为了将软文进行到底。如可以在图片中设计链接或在微博中植入内容。

□号外

北京一餐厅借助微博由濒临倒闭到生意红火。光棍节那天，李宇春一行人恰巧到此就餐。餐厅人员拍下了她离店的照片，并在次日发到新浪微博上。很快这条微博就有了近千次转发。一周后每天都有约十桌左右的客人因这条微博前来就餐，他们去李宇春去过的包间，品尝她点过的菜品。

□经典案例

凡客 8 小时疯转 120 000 条的微博广告

黄晓明，7 岁立志当科学家；长大后却成为一个演员。被称赞为外貌英伦、勤奋和成功，也受到讥讽、怀疑和嘲笑。人生即是如此，你可以努力，却无法拒绝。哪有胜利可言？挺住，意味着一切。没错，我不是演技派，没什么，我是凡客。

□ **团购中的网页转化设计探讨**

深信团购网站的发展也会从综合门户团购，发展到垂直型的专业化行业的团购，但是无论是什么样的团购，最重要的依然是如何赢利？而如何赢利就其本质而言就是将访客转化成顾客。

网络团购之表现形式可以理解为传统行业的促销，笔者认为我们在传统平面设计思路的基础上，应当考虑网络媒体中的环境。基于此，笔者提出关于网络团购中的网页转化设计参考思路。

□ **数字**

团购网页中的数字包括哪些呢？如时间、价格、折扣、节省费用、购买数量等。

时间的设计应当有动感，所谓动感其实是营造了一种紧迫感。我们会发现很多团购网站的"剩余时间"都是静态的，而淘宝聚划算的"剩余时间"完全可展现出当下的点击与成交量，其变更的速度略快于我们心跳的速度，而且呈现出"倒计时"的效果，如图 15-1 所示。

图 15-1　团购页面

价格的设计其实是非常有讲究的。

除了我们看到的原价（一般上面都有删除线）、折扣、节省的费用之外，还应当考虑顾客对不同价格表现方式的认知，如表 15-1 所示。

表 15-1　价格表示方式与顾客认知

| 价格表示方式 | 顾 客 认 知 |
| --- | --- |
| 30 元 | 这是常规的价格 |
| 29.99 元 | 这是廉价商品 |
| 促销价格只需 30 元 | 我可以买到促销价 |

（续表）

| 价格表示方式 | 顾客认知 |
|---|---|
| 要价 20 元，节约 5 元 | 我能节省点钱 |
| 原价 25 元，现价 20 元 | 价格已经降了 |
| 20 元（已经降价 35%） | 降价幅度较大 |
| 我们的价格是 30 元 | 这个价格比竞争对手低 |
| 20 元折扣 5 元 | 最好现在就买，别过了打折期 |
| 手写的价格标牌 | 刚降价的商品 |

□文字

图片中的文字应当植入消费者的利益需求，以"高额回报"或"强大诱惑条件"来吸引消费者点击。

团购商品描述的语句一般要用能够给客户带来好处的词，以及商品功能特征的词语来表达。

团购商品描述内容的语序如下：

1. 给出一个难以抗拒的报价。

2. 明确利益点，即这对我有什么好处。

3. 产品或服务基本功能说明。

4. 宣传语可以是广告语或品牌传播语。

5. 以提问的方式拨动访客（消费者）的心弦。例如，你知道吗？本团购仅向 30 个人提供机会。

□图片

1. 图片肯定要好看，目的是为了给访客一个良好的体验。

2. 图片要使人有点击查看的欲望。

3. 图片中可在第一时间植入对访客来说的"关键利益点"。

□整体网页设计中的基本要素

1. 考虑颜色应当以行业中的主色调为主。如餐饮业讲究运用暖色调来激发食欲。

2. 建立信任感。如提供企业认证、网络认证、交易安全认证、消费者保障、承诺退款等。

# 第十六章

# 如何做好软文投放

骨弱筋柔而握固。

——老子

软文的成败与媒体的投放息息相关。

一篇好的软文投放在一个毫无人气的站点，或投到了非目标客户群的报纸及杂志上，就如同在高高的山顶上开了一家大超市。

那么我们该如何做好软文投放工作呢？

## □选好主流媒体

拿门户网站而言，综合型的门户网站不外乎新浪、网易、搜狐、腾讯；区域型的门户网站如上海热线、浙江在线、广州视窗；垂直型的门户网站如 39 健康网、瑞丽网、金融界；纯新闻类的网站如新华网、人民网、光明网；论坛类的网站如天涯、猫扑等。

之所以要选好主流媒体，原因如下：

1. 主流媒体更具有权威性，其发表的文章更有说服力。

2. 主流媒体从覆盖面广、人数多而言影响力大。

3. 主流媒体尤其是网络上的主流媒体更易被搜索引擎抓取。

4. 主流媒体往往会被其他媒体转载，不断地进行传播。

这里的其他媒体，包括草根的微博客以及其他的网络传播形式。

从目前的现况来看，主流媒体中全国性报纸、电视台（CCTV）的权威性依然要比网络媒体强，覆盖面也广，影响力也大，自然费用也会更高。

## □把握主流媒体的特点

软文前辈们指出：媒体不同，擅长报道的内容也不同。

中国经营报擅长写人物；《财经》、南方周末则擅长深度报道；《销售与市场》善于从实战案例的角度来报道。

纵观网络媒体我们似乎很难准确地把握其特点，但没有特点其实也是个特点。

新浪网定位为新闻，其结果是什么内容都有；天涯、猫扑虽然也有明确的定位，但是内容越来越趋向草根化、娱乐化，面对网络媒体我们该怎么做？

1. 要把握主流媒体中投放的板块、栏目或频道的流量。

2. 我们可以通过测算流量的工具来把握其流量，同时了解哪个时间段流量是最大的。

3. 把握该频道什么时间段最为活跃？

4. 了解该频道是否被搜索引擎抓取，抓取时的速度快不快。

□一稿多投与伪原创

一稿多投，即是群发。发帖如扫射，就像是小时候玩的游戏"魂斗罗"，中了 S 弹后，举枪扫射，哒哒哒，血洒街头，累死累活，结果没几个被打中的。但这种情况还是允许的，只要适度即可。

之所以需要将一篇稿件进行伪原创，其实就是不断地增、删、改、查文字内容。

所谓的增就是首段与末尾段进行原创加工。

所谓的删就是删除每篇投放软文中的重复的内容。

所谓的改主要是将标题进行处理，绝对不能出现同样的标题。一是要针对本篇软文，二是搜索引擎中也不能出现已经被他人使用过的标题。

所谓的查就是要查看关键词的设计、标题的安排、稿件字数等，要从头到尾检查一遍才行。

□确定是否是百度新闻源

这一点很重要，若是百度新闻源就意味着会被转载。我们曾经做过的案例中，如昂立出国留学，先是在北青网上投放，后被转载到大连新闻网、大中华新闻网、国际在线等。再如上海唤觉生活馆，我们最先是在新浪-女性频道投放，后被转载到天津在线、中国青田网、中国服装网。

表 16-1 所示为我们在日常工作中统计的百度新闻源站点，供大家参考使用。

表 16-1　百度新闻源站点

| 综合门户 | | | |
|---|---|---|---|
| 北青网 | 凤凰网-广州/天津 | 光明网-经济 | 千龙网-生活/新闻 |
| 人民网-福建/重庆/天津视窗 | 腾讯-大渝 | 香港文汇网 | 新华网-科技/延展阅读/重庆/广东 |
| 中国广播网-财经资讯/快讯 | 中国经济网-四川/山西 | 中国日报-证券 | 中国网-建设/滨海高新 |
| 中国新闻网-吉林/江西 | 中华网-新闻 | | |

（续表）

| 家 居 房 产 | | | |
|---|---|---|---|
| 慧聪网-建材 | 九正建材网 | 搜房网-家居/重庆 | 搜狐-家居 |
| 太平洋-家居 | 网易-家居 | 筑能网 | |

| IT 科 技 | | | |
|---|---|---|---|
| A5 站长网 | Chinaz 站长之家 | It168 | MSN-科技 |
| TechWeb | 艾瑞网 | 北方网-IT | 比特网 |
| 鞭牛士 | 电脑之家 | 东北网-IT | 国际在线 |
| 和讯网-科技 | 环球网-科技 | 慧聪网-IT | 科技讯 |
| 泡泡网 | 驱动中国 | 赛迪网 | 手机之家 |
| 太平洋电脑-资讯 | 网易-数码 | 中国广播网-互联网/科技 | 中国软件网 |

| 健 康 | | | |
|---|---|---|---|
| 慧聪网-制药 | 新华网-健康 | 新浪-中医 | 中国广播网-健康 |
| 中国日报-食品新闻 | 中国医药网 | 中华网-食品 | |

| 旅 游 | | | |
|---|---|---|---|
| 乐途旅游网 | 网易-旅游 | 新华网-旅游 | 云贵旅游地理网 |

| 汽 车 | | | |
|---|---|---|---|
| 爱卡汽车网 | 车天下 | 汽车点评 | 汽车之家 |
| 搜狐-汽车 | 新华网-汽车 | 易车网 | 中国汽车网 |

| 女 性 | | | |
|---|---|---|---|
| 大众网-女性 | 新浪-女性 | | |

| 教 育 | | | |
|---|---|---|---|
| 北青网-教育 | 搜狐-教育 | 腾讯-教育 | 浙江都市网-教育 |

| 财 经 | | | |
|---|---|---|---|
| 北京广播网-财经 | 大众网-财经 | 凤凰网-财经 | 金羊网-财经 |
| 四川新闻网-财经 | 网易-财经 | 浙江都市网-财经 | 中国经营网 |

| 娱 乐 | | | |
|---|---|---|---|
| 腾讯-娱乐 | 新华网-腾讯 | 雅虎-娱乐 | 中国广播网-体育/娱乐 |

| 游 戏 | | | |
|---|---|---|---|
| 131 游戏网 | 178 游戏网 | 多玩游戏网 | 硅谷动力-游戏 |
| 中华网-游戏 | 网易-游戏 | 游久网 | 人民网-游戏 |

| 商 业 | | | |
|---|---|---|---|
| 第三媒体 | 雅昌艺术网 | 中国企业新闻网 | 中国商业期刊网 |

□**小知识**

在《百度站长平台提示：百度将提高优质新闻站展现，处理低质新闻》中，百度对于新闻站质量的评定做出了指导性的建议。

1. 优质新闻站点应该有一定的公信力和权威性，能够提供有独特价值的文章，通常是原创或者经过精心收集和整理的。

2. 新闻站应该做好相关性，专注于自己所属领域，做好与站点所属领域相匹配的新闻频道。一个站点下的优质新闻往往集中在站点有较多编辑资源投入，或站点有相应编辑能力的频道。比如地方新闻站最有价值的该是地方新闻；行业站点最有价值的是行业资讯；做娱乐新闻的网站出现"SEO"新闻说不过去；或虽然具备了相关性，但是内容无意义、穿插关键词、堆积关键词、恶意引流、发布明显广告，也会被评为低质量新闻站。

3. 低质量新闻站是指与以上优质站点的判断条件差别较大，特别是发现新闻站为了获取商业利益过度搜索引擎优化、发布商业广告、恶意导流或堆砌关键词等，伤害普通用户的搜索体验及影响新闻产品专业权威形象的，百度会将其视为低质新闻站，而给予降低网站权重、减缓收录、不予收录等不同的处理。

# 第十七章

# 如何衡量一篇好的软文

*孔德之容，惟道是从。*

*—— 老子*

如何衡量一篇好的软文，好比当年莎士比亚在《哈姆雷特》中的那句名言：生存还是毁灭，这是个问题。

**□从网站优化的角度来看，好软文的特点如下。**

1. 易被点击，引入流量。

2. 易被客户找到，促进销售。

3. 易被转载，更多传播。

4. 易被其他网站增加反向链接。

□易被点击，引入流量，直接反映出网站优化的效果，关键词在搜索引擎中的排名非常靠前，网页标题也很吸引人，但进入流量的不一定都是我们的目标客户。

□易被客户找到，是指网站展示的产品或提供服务的目标客户群比较容易找到我们，一般通过精准的关键词设计来引入潜在客户（关于关键词与促进销售之间的关系此处不再赘述），主要是针对我们的目标受众。

□易被转载说明网站上的文章很有价值，一是原创，二是有可读性和思想性，总体而言是有价值的。

□易被其他网站增加反向链接，这个主要是从搜索引擎优化的角度来讲的。好的软文发布之后往往不会被删除，尽管文章中嵌入了 URL 甚至是活链接。这种情况在站长的网站推广中比较多见。

**□从有偿新闻的角度来看，好软文的特点如下。**

1. 易被转载，引起话题。

2. 软性植入，润物无声。

3. 易被接受，理性劝服。

4. 易被搜索引擎检索到，曝光率高。

□有偿新闻也是新闻，如果新闻稿不被转载那就大大降低了新闻的价值。所以一篇好的新闻软文应当是能够被转载，引起更多的话题。

□软性植入也就是商业信息的植入或是营销意识的植入；所谓的润物无声，在房地产或保健品行业见得比较多。

□易被接受，理性劝服。主要是从写法上出发，注重"软"字，讲究撰写中的艺术与技巧。有偿新闻有时候往往是硬广的一个补充，事实上报社对某企业老总的创业故事，或对企业的创业模式的探讨也是软文，从此角度撰写的稿件也是比较能被读者接受的。

□网络媒体中的新闻依然要重视搜索引擎优化，从而达到易被检索、提高曝光率的效果。国外一家报社认为：新闻稿发布是企业公关活动最为核心的内容，而新闻优化的核心是搜索引擎优化。

我们在网络平台进行的新闻稿发布，如果没能在搜索引擎中得到体现，那么很有可能只对很少一部分人群产生了价值。所以要想增加新闻稿的浏览量，就必须加强新闻稿的搜索引擎优化。

**□从论坛营销的角度来看，好软文的特点如下：**

1. 易被点击，更多回复。

2. 易被转载，更多讨论。

3. 易被推荐，论坛置顶。

4. 易被检索，更多曝光。

□易被点击，指在天涯或淘宝上的论坛，如果文章没有被点击关注，再好的软文内容都将会石沉大海；如果没有回复，没有被顶上去，自然会点击率下降，同样会沉没在茫茫的"帖海"之中。

□易被转载，更多讨论。我们会发现很多事件营销往往是因为几篇帖子被不断疯狂地转载后，将某类事件推广开来；大家充分讨论，你一句我一句地在论坛中无话不说。骂人的、看戏的、路过的、顶帖的、打酱油的、火星文飞过的、表情装酷的、认认真真回帖的都有，而能引起话题的往往是那些恶俗、恶搞或所谓的"三情"，即情欲、情感、情绪。

□转载成功是依靠软文的价值，所谓的价值是相对于网民而言的，网民认为其有价值此帖就会有价值，转载是从横向来体现软文价值的。一篇好的软文在被网站所在论坛管理员推荐的同时就已表明其价值了，好的软文自然会被推荐置顶，因其本身的价值而闪闪发光。

□易被检索，更多曝光。好的软文在论坛中能火起来，当我们检索标题时其必然会出现在搜索引擎当中，呈现出一片标红的效果。

□从网页转换来看，同样包括邮件营销内容、销售信函内容、网店产品展示设计等。好软文的特点如下：

1. 用户易被转化成客户。

2. 阅读方便，体验性好。

3. 易被转发，更多分享。

4. 能被检索到，更多展示。

□用户易被转化成客户。其实是软文营销的根本目的，软文的目的始终是为了成交。因此，如何将用户转化成客户是其衡量的标准之一。

□阅读方便，体验性好。一张转化页面如果视觉上不过关，那还谈什么转化；一封邮件如果写得很好但是排得很差会影响阅读，必然会降低转化率。所以衡量软文的标准就是要阅读方便，体验性好。

□易被转发，更多分享。软文内容如果设计得好往往是会被转发的，因为转发的成本很低，只需点击分享或转发邮件即可。好的软文必然会被更多地分享。比如当年 Hotmail 案例的成功就是如此。

□能被检索到，更多展示。在网站中的页面或网店中的页面，如果能通过搜索引擎优化而被抓取，则会有更多的机会在搜索引擎中被展示出来，促其成交。这里我补充一点，让不认识你的人找到你是搜索引擎的本事，可借此开发新客户；让认识你的人找到你，这是你的责任。可怕的是很多知名品牌在搜索引擎中被检索后，显示的信息大部分都是其经销商或代理商的页面或广告，显然是其没有做好品牌的传播工作。

□**从软文本身的内容来看，好软文的特点如下：**

1. 可读性强。

2. 有价值，值得推荐或分享。

3. 遵守原创性原则。

4. 标题要能吸引人。

5. 阅读体验性好。

6. 关键词要设计好。

7. 软文读后应当有一个记忆点。

事实上从内容出发可涵盖各类软文文体，我们从文章的基本属性来判断，好的软文首先是一篇好的文章，其次是能起到营销的作用。

□可读性强是好软文的一个基本的衡量标准。

□有价值，值得被推荐或分享。有价值是相对于个性化的网民而言的，因其价值所在，才会被推荐、被转载、被分享。我们会发现很多站长撰写了一些搜索引擎方面的技巧性文章或是一些对工具的分析，往往能引起其他站长的共鸣，进而此类软文被广为流传。

□遵守原创性原则，一是对其他作者的尊重，注重知识产权的保护。当你总是在想着剽窃他人成果的时候，烦请你想一下你被人偷窥时的感受；二是有利于搜索引擎收录；三是从长远的角度而言，原创才是生存的法则。你总不能老是靠吃剩饭过日子。

□标题要能吸引人。无论是传统的报纸和杂志中的软宣，还是如今网络媒体中的软文推广，就门户网站中的链接文字而言，如果没有具备足够吸引力的标题，请问在众中的首页标题海洋当中，我们被点击的概率能有多大呢？所以衡量一篇好的软文其实要从衡量一个好的标题开始，具体请看第八章的内容。

□阅读体验性好。阅读体验性好指只有方便用户才能产生更多客户。在软文营销中我们会要求以 3663 的结构撰写文章。还记得这个吗？第一个 3 是指首段 3 句话大约 100 个字左右，或 3 行字数依然控制在 100 字左右；之后两段内容每段为 6 句话；最后一段文字同样是用 3 行或 3 句话来表述。段落之间要空行，段首空两格。

这样的设计在用户或读者阅读时体验性较好，也非常容易自始至终。另外，如果需要采集大量的内容后编辑，同样可以采用这样的结构，它是符合搜索引擎设计原理的。当然首末两段必须是原创，且要设计好关键词的位置。

□关键词要设计好。这一点此处不在赘述，烦请读者阅读第七章的内容。搜索引擎是当前互联网的核心，如果一篇软文没有在搜索引擎中被搜到是非常可惜的，甚至是件遗憾的事情。

□软文读后应当有一个记忆点。该记忆点要么是一句广告语，要么是情节的印象，要么是一副插图，要么是记住了植入信息，要么是有想购买产品的意识等。尤其是品牌故事的设计，如果读者阅读完一个你所谓的精美的品牌故事以后，我们问他："这个品牌给你留下了什么印象？"对方如果说该故事写得很好，其他没什么印象。那这个品牌故事不能算成功。

如何衡量一篇软文的好坏，以上几点仅供参考。最简单的一个衡量方法其实是看有没有效果？而效果要从你写作之初的目的来进行判断。

例如，你写软文的目的是为了在搜索引擎中被检索到，那你所设计的关键词搜索出来的排名都不错的话，其自然是好软文。

如你的软文是要投放到论坛中的，结果是被转载了或有一定量的回复，虽然你起初认为写得不好，读上去可能文笔很差，语言不通但网民喜欢，这就是好的软文。

有时候不是你认为好才是好，而是网民认为好才是真好。如同我们从服务的角度来说，客户说你服务好你才是好，而不是你自己认为好就是好。我们应以用户为导向，以客户为中心。

# 第十八章

# 雇主与写手如何避免摩擦

一个人必须知道该说什么，一个人必须知道什么时候说，

一个人必须知道对谁说，一个人必须知道怎么说。

——现代管理之父　彼得·F. 德鲁克

　　互联网很自由，你可以在任何时间、任何地点，发表你的任何想法，当然自由是相对而言的，特别敏感的话题除外。另外，在网上我们并不知道对方是男人还是女人，甚至不知道对方到底是不是人？在很久以前就流行着这样一句话："在互联网上，人们不会知道你是一只狗。"

　　互联网上的自由其实是源于人性的自由，所以人与人之间的交往始终存在着问题，甚至是一种挑战。人们在合作中总会存在这样或那样的问题，要么是雇主不诚信，要么是写手失信；要么是雇主不支付稿费，要么是写手与其反目成仇，一怒之下，四处散播对方的负面信息等。

　　曾经某个平台的年轻编辑在自己的 QQ 上写了这样一句话——

　　今天是月末要结账了，还不结账的，奉送三篇负面新闻，首页直挂一星期。

　　我曾经一直在思考一个问题：雇主与写手该如何避免摩擦？

　　在传统的生意往来中至少还有一份合约可以保证彼此的利益，但是在网络中呢？雇主往往是中小企业、各类网店店主、微型工作室，而我们的写手，多半是个体、兼职、独立的。

　　雇主要求写手你先写，我们满意了再支付稿费——妄想；

　　写手要求雇主你先支付定金，我再写稿——没门儿。

　　正规公司很少会先支付稿费的，网店店主多半会通过第三方支付平台，如支付宝来达成交易，这种模式是大家都可以接收的，但依然存在着风险，尤其是在这个越来越讲信用的社会里，谁看到差评谁就会有烦恼！

　　怎么办呢？佛祖说："烦恼即菩提。"

烦恼是让我们得到智慧的因。烦恼一来菩提心起，处理这个问题的方法有很多种，我们的做法如下。

**□必须评估客户的信用**

要记住：第一，钱我们是赚不够的；第二，不是什么样的钱我们都可以赚，有的钱是带血的钱。

或许有人会说："你傻呀！有钱还不赚！装什么清高，开店就是做生意，你提供服务我支付费用，需要讲什么原则。"

不！必须要讲原则，而且这是铁的原则。

如果你不管三七二十一，见钱眼开，你早晚会出事。你可能会因为一个大单而撑死；你可能会因为一场骗局而破产；你可能会因为一个客户而惹上官司；你还可能会因为客户拖欠现款而活活饿死；你很有可能遇上了一个不道德的人，毁坏你的声誉；你极有可能遇到一个无聊的人，东聊聊西聊聊，最后根本谈不成生意……

**□如何衡量雇主或写手的信用呢**

以下方法仅供参考：

1. 通过已知信息检索。如 QQ 号码、邮箱、电话、IP 地址等来检索、考量，综合分析对方的信息。

2. 通过电话直接交流来判断对方的态度、脾气、性格等。脾气不好的人，合作要谨慎。万一对方一时冲动在网络上大量发布负面信息，影响太坏。虽然国家已有相应的法规出台，但还是小心为好，免得惹上麻烦。

3. 通过网络咨询，如百度知道进行了解。

4. 先做小生意，雇主可以先给写手百元以内的订单，了解一下写手的实力；写手也可以先接一篇稿子写写。当彼此相互了解之后，再进一步深入地合作。

5. 如果是在一些威客网站上从事交易活动，无论是雇主还是写手都需要对威客网站进行评估，现在的威客网站良莠不齐，一旦失误就如唐僧拜错佛塔一般，雇主或写手都将遭受损失。建议还是到知名的威客网站，如猪八戒、任务中国等比较安全。

**□除了评估信用之外，了解以下几点也可避免摩擦**

1. 心态要好

心态即你的人生百态。心态是光源，人生即投影。

倘若不小心吃一次亏，就当是提升自己的机会；彼此互让，大事化小小事化无；倘若你老是吃亏，应当扪心自问，自己错在哪里？

因为自己才是一切的根源！

自己有没有贪心呢？有没有了解游戏规则呢？会不会因为自己太急着推广而误信谗言呢？网络上的信息是否准确呢？有没有过期？等等。

总之，心态要好，心态好一切都会好。

2. 不厌其烦地沟通与交流

沟通，反复地沟通；交流，不断地交流。

知道交易怎么来的吗？交易是来自于交心，而交心是来自于交流。唯有交流才能更好地进行交易。

你都不知道雇主的想法，不知道行业中的基本情况，不知道此产品的目标客户群，不知道所投放的媒体，那你能写什么呢？就仅仅是将所谓的"关键词"嵌入到所谓的软文当中去吗？

同样，雇主都不了解写手擅长写哪方面的题材？不同的写手因为有着不同的知识结构，所以有的人擅长写地产业、有的人擅长写 IT 业、有的人擅长写汽车、有的人擅长写人物报道，而笔者却喜好撰写品牌故事及企业文化类文章。

彼此之间没有沟通好意味着情绪化，意味着相互不信任，意味着易出现矛盾产生冲突。

所以雇主与写手彼此要进行良好的沟通，唯有沟通，方能达标；彼此相互了解了，才能相互理解。

3. 确立行事原则

凡事预则立，不预则废。

《大学》开篇写道：知止而后有定，定而后能静，静而后能安，安而后能虑，虑而后能得。大意为：知道目标所在方能坚定不移，坚定不移方能镇静不浮躁，镇静不浮躁才能心绪泰然，心绪泰然才能思虑周详，思虑周详才能有所收获。

故而我们给自己的团队制定的原则如下，仅供大家参考。

V-ING 团队，凡属下例产品或服务的我们不接：

- 破坏生态环境的产品或服务。
- 以屠杀或虐待众生而谋取利益的，如饭店、酒家、餐馆。
- 违法的产品或服务。
- 具有欺骗消费者性质的，毫无相关资质证书的。
- 在互联网上我们发现曾经有过不良信息记录的。
- 会影响下一代成长的产品或服务。
- 网站建设不佳者！

博客网站链接 http://blog.sina.com.cn/s/blog_02e0bd700100euus.html。

我们的观点很简单，若网站都没有用心做好的，我们很难相信他们会在营销上有一定的力度投入，多半只是想想推推，见好就收，不好则退，此等打算还是不做为好，何必浪费彼此的时间呢？

综上所述是关于雇主与写手之间如何避免摩擦的一些浅见，仅供各位有缘人参考。

# 第十九章

# 做一名具有社会责任感的软文写手

> 企业经营与社会责任同步。
>
> ——儒灵童教育集团董事长　万爱明

作为一名软文写手，我们要承担起相应的社会责任。要知道新商业文明的特征：开放、透明、分享、责任！

□ **要为有缘且有出息的客户负责**

何谓有缘即彼此有合作的空间，所谓有出息即客户走的是正道，创的是正业。烦请不要随随便便接单，人穷志不能穷。你随意的一篇文章有可能会给他人带来极大的麻烦，网络媒体的威力，早已经在"人肉搜索"的过程中得以体现。

在中国消费网上有个这样一个案例，"就一篇文章的致歉说明"，内容如下。

北京市海淀区人民法院（2008）海民初字第10272号民事判决书和北京市第一中级人民法院（2008）一中民终字第12778号民事判决书认定，2008年2月15日中国消费者报刊登的标题为"牙齿黄金"宣传疗效涉嫌违规的文章有侵犯深圳市桃丽丝保健护肤品有限公司名誉权之处。为履行上述民事判决书，特向深圳市桃丽丝保健护肤品有限公司致歉。

中国消费者报社二〇〇八年十二月九日

致歉还是小事，笔者曾经的一位友人，其公司职员因抄袭他人的文章而被告上法庭后赔款20 000元人民币。

□ **为客户负责主要表现在两个方面，一是"产品"，二是"品牌"**

作为一名软文写手，对产品的描述切不可过于夸大。在这个物欲横流的年代里，"巧言令色"是一种常态，"如实"的告知却显得弥足珍贵了。所谓如实并不是老实，而是诚实。

　　而诚实直言又是一种艺术。假如产品是数字 2，那么最简单的表达方式确实是 1+1=2，但是消费者又不买账，怎么办？我们可以说 4-2=2；或 100-98=2；在不违背商业道德的情况下，我们其实已经有多种表示的方法可以等于 2！为何我们还要去学忽悠的艺术即 1+1=3 呢？

　　作为一名软文写手，对产品负责就是在对消费者负责，我们不能忘记我们自己本身也是一名消费者，当你购买了劣质产品的时候，想想你是一种什么样的心情呢？

### □品牌的基础离不开产品，但其内涵要比产品来得更深更广

　　作为一名软文写手，其一言、一字、一句、一段、一个比喻都要为客户的品牌服务，我们可以说不了解客户品牌的写手是一名还不成熟的写手，因为客户品牌资产的累积是离不开软文支撑的，尤其是公关类稿件，势必要考虑到品牌的美誉度及品牌形象等要素。

### □要对社会负责

　　社会是由人构成的，虽然我们给社会一个白眼，它极有可能给我们一个耳光，但是我们依然要对整个社会负责，即是对公众负责。人们之所以能生存于世间，是因为有每个人的付出，每个人在自己的岗位上付出，才有我们现在舒适的生活。

　　我们团队成员多半吃素，吃素的目的各种各样，有的为健康，有的是因为环保，现在有一种说法是"吃素救地球"。且不论吃素是否真的能救地球，但是当下我们选择吃素，深信星星之火可以燎原，与其高谈阔论不如行动本真。这就是我们认为的一种对社会、对人类未来发展的责任。

　　那么作为一名软文写手，你要知道你手中的笔是一种兵器，正如马克思曾说的："语言是人类人生斗争的武器。"兵器谱中有一种叫"判官笔"，又称"状元笔"，是属于暗箭伤人类兵器，主要用于取穴打位。

　　当我们通过"判官笔"这种"暗器"同时又结合了"语言文字"这个"武器"，各位，我们是不是应该要小心点，免得玩火自焚。为何要这么说呢？剑不伤人言伤人，流言飞语往往能害死人。

　　作为一名软文写手对社会的责任表现在哪里呢？此中有真意，欲辩已忘言；不知往何处？烦请读下文。

　　其实，无论是对客户负责还是对社会负责，归根到底都是在对自己负责。现在有一种思维模式叫做"责任性思维模式"，凡事先反求诸己。

　　我们有一个威客平台，一次，某家公司聘请我作为整个营销活动的顾问，一开始自然大家谈得很热乎，等操作完毕，对方却怎么也不同意给我们打款了。怎么事？原因如下。

　　由于我们双方没有对"顾问"一词达成共识，结果在操作过程中，对方的工作量非常大，就我个人而言有一种"贬低身价"的感觉，作为威客绝不是廉价劳动力！在这种念头的驱使下，与雇主一谈，彼此不悦。后来考虑到对方即将参与活动，我们本着"先客户之忧而忧，后客户之乐而乐"的态度，积极配合将"顾问"进行到底。

但是雇主不付款怎么办呢？

原来都是自己惹的祸！正所谓我是一切的根源。

如果当初真正用心抱着"不以价钱，而以价值"的服务态度的话，想必雇主也不会生气，说不定还会有意外的惊喜。

我想做一名具有社会责任感的软文写手，一开始或许会很难，如果是全职的或许会更难。因为你要拒绝很多诱惑，坚守自己的原则，说不定你会很孤单，生活也会很窘迫，有些人还会说你很傻很天真。

但是，只要你坚持，心灵之光就会无限的扩大，无论你走到哪里它都会照亮哪里，同时很多有缘的人，你的伙伴们、你的客户们甚至你的梦中情人都会被你吸引而来。

到那个时候，或许你跟我们一样，虽然尚没有脱贫致富但是会生活得很开心，自由——心灵的自由与身体的自由。可无拘无束地思考，自由自在地云游，不但会得到很多人的认可与尊重，还会逐步开拓出属于你自己的事业；到那个时候，你真的可以实现睡觉睡到自然醒，数钱数到手抽筋的梦想。

做一名具有社会责任感的写手吧，不仅仅是在营销领域。

□反面案例（来自互联网）

### 伊利592万名雇员诋毁蒙牛

2010年10月21日，蒙牛声明并首次公开证实了外界此前一直流传的"未晚"事件。

"近年来，蒙牛集团曾多次遭遇类似的诽谤事件"，声明称：经公安机关查实，2003—2004年间，伊利集团曾花费超过5 900 000元人民币，雇佣公关公司对我公司进行新闻攻击。

蒙牛声称2003—2004年间，伊利集团委托其合作公司北京未晚品牌（国际）传播机构（简称"未晚"），采取收买媒体等方式，广泛制造并传播蒙牛负面信息。经公安机关查实，在所实施的5次行动中，双方共签署合同款总额5 921 700元人民币，在全国11个省会城市的平面媒体及网络发表诋毁蒙牛乳业文章上百篇。事发后，"未晚"总经理杨××等3人被刑事拘留。

蒙牛称在公安机关查获的多份伊利集团与该机构签署的合同中，在其中的一份合同里，双方约定伊利集团付给该机构4 443 000元人民币，用以实施所谓的"伊利集团号外行动整合公关传播"。

呼和浩特和北京多个公安机关在侦查中发现，所谓的"伊利集团号外行动整合公关传播"中，共有6次行动方案（5次已执行，1次未执行），分别是：（1）"霹雳"行动；（2）"雷霆"行动；（3）"航空奶"行动；（4）"广告标王"行动；（5）"号外"行动；（6）打击"概念营销"整合行动。合计总额高达5 921 700元人民币。

这6次行动方案明确提出针对蒙牛的打击方针：其行动采取的主要手段是，以支付

"广告费"的名义购买版面、收买记者，发表诋毁蒙牛的虚假新闻。

记者昨天从蒙牛提供的一份伊利现任某高层与该机构于 2003 年 8 月签署的一份"公关代理合同书"中发现，伊利当时同意先支付该机构 400 000 元人民币作为启动费用。

蒙牛方面 2010 年 10 月 21 日表示：截至目前，此案（"未晚案"）仍未结案。另外，伊利方面有关人士在接受记者采访时表示，对此事不知情。

# 第二十章

# 软文营销的公共责任
## ——公众营销

我心中伟大的企业是那些致力于赚钱并解决社会问题的企业。

—— 菲利普·科特勒

## □数学是存放智慧的框架

我们从数学的角度来看一维是一条线，二维是一个面，三维是立体的，每多一维就会多一个变量，多了无穷的可能性。

于是每多一维我们就要放下原先 N-1 维的感知，放下原先的观念，因为整体环境发生了变化，人的眼、耳、鼻、舌、身、意的感知也发生了变化，从数学的角度来看"眼、耳、鼻、舌、身、意"正是人类对客观环境的"定义域"。当定义域得到了扩展，原先的法必须随之优化升级！

那么我们的营销呢？

如果我们将本企业作为一方，竞争对手是对立面，即第二方，而所抢夺的客户资源为第三方，现在我们引入第四方即公众。

也就是说假设原先的营销环境中只有三个维度即本企业、竞争对手、顾客，而现在增加了一个维度即在互联网环境中的公众。在此之所以强调的是"在互联网环境中"，是因为离开了网络，公众的力量就很弱小，很难在短时间内聚合成有效的力量。

有人或许会问："媒体不是被称之为第三方吗？"

由于我国幅员辽阔，一眼望不到边，南疆北土，东情西域，风俗各异，新闻媒体之力好比是花拳绣腿，无论是本身的监督力、传播力或营销力都是非常有限的。

菲利普·科特勒在其《市场营销导论》一书中提到公众因素包括了媒体公众。他老人家对公众的定义是：对一个组织实现其目标的能力有兴趣或有影响的任何团体。

另外相对于草根公众来说，因其四处分散受信息传播的限制，故而在传统三维营销环境中的力量相当弱小。

然而在整个互联网环境中我们完全可以假设四个维度的存在，即企业、竞争对手、顾客、公众（以草根网民与媒体为主）。

□谈原先三个维度的营销环境

在三个维度的营销环境中，我们可以说顾客资产是企业的重中之重的资产，从价格取胜到服务取胜再到价值取胜都是为了赢得顾客的心，而品牌的竞争力往往都是顾客忠诚度的竞争，顾客的偏向似乎决定了企业品牌的价值。

在这三个维度中，我们在赢得顾客的同时等于打击了竞争对手，我们虽打击了竞争对手但不一定能赢得客户的心。

企业与企业之间的竞争有可能两败俱伤，而得利的恰是消费者即顾客。当然不排除由于企业之间恶性的竞争，从而导致某产品或服务甚至行业的消亡，最终导致"共输"的结局。

那么当我们引入第四方即公众的时候，营销格局就发生了变化，从原先的三个维度上升到了四个维度即顾客、本企业、竞争对手、公众。

多了一个维度多了一个变量，我们的整个营销环境也随之发生了改变，最大的一个特点是顾客与第四方即公众是可以转换的。

在传统的三个维度当中，顾客要么增加要么减少，有人可能会问其从何处来增加，减少之后其又去向哪里了？

事实上其也是进入了"第四方即公众"这一群体，但由于传统的营销环境第四方即公众的力量非常的弱小，而大部分传统的新闻媒体即便是推动所产生的影响也相当有限，所以从更大的范围来说，第四方即公众的影响力小构不成任何威胁。在传统的环境中第四方即公众太散很难聚集力量，但这个"第四方即公众"还是存在的，这正如我们白天看不到月亮，但时机一到月亮总会出现一样。

有意思的事情发生了。

一般的营销思路都是千方百计地满足顾客的需求，高一层的思路则是创造顾客的需求，我们的焦点自始至终都是围绕顾客来实施营销活动的，现在我们在四维的营销环境中，可以继续采取以往的思维模式，我们更可以拓宽自己的营销思路，可以通过"第四方即公众"来达成我们的营销目标。

因为第四方即公众可以转化成我们的顾客；

因为第四方即公众可以转化成我们的友军；

因为第四方即公众可以转化成攻击竞争对手的力量，但不与我们同一阵营。

同样的第四方即公众也可以削弱我们的顾客群体，增强竞争对手的力量成为他们的顾客，也可以直接攻击我们成为我们的敌军但不与竞争对手同一阵营。

那我们可以操纵第四方即公众吗？

在商业领域，我想企业很难操纵第四方即公众，即便是所谓的意见领袖也只是针对某个话题而起到影响的作用，通常这种影响又是小范围的且迅速地迭起又快速地落下。

企业也很难影响第四方即公众，但可以做好自己的工作，从而改善与第四方即公众之间的关系，在危机中处理好回应。

顾客也无法影响第四方即公众，只能被第四方影响。

竞争对手与第四方即公众之间就显得很是微妙了，有可能会利用第四方即公众，也有可能被第四方击倒，但都无法影响第四方即公众的做法。

不过要是想制造一定范围内有影响力的网络事件，还是很有可行性的，并且我们只能在某个热点上、在某部分人群中，或是对品牌认知的目标受众中，才可能制造网络事件。

在"贾君鹏，你妈妈叫你回家吃饭！"的整个网络事件中，一天有 710 万人的点击量及 30 万人的回复，虽来得快去得也快。

那时原以为很多人都会知道"贾君鹏"，哪知道问了一圈又一圈，竟然没几个知道的，反思后得知原来认识"贾君鹏"也是要有缘分的。

如果没有之后媒体的跟进，可以肯定"贾君鹏"事件立马会消失。

当然话又说回来，如果某家公司的网络公关人员能在这么短的时间内，获得如此高的点击量及回复量，效应之大，传播之广，可谓在互动中引起轰动，绝对是巨大的成功。

笔者认为随着我国网民人数的不断增加，截至 2013 年网民人数已达 6.18 亿人，我们以后一定会习惯于诸如此类的网络事件，正如习惯大海上每天涌起的层层海浪。那时我们完全可以"借力使力而不费力"地实施借势营销的策略。

□**孙子曰：善用兵者，求之于势。**

例如，加多宝公司。

我们来看 2008 年汶川地震的时候，加多宝公司捐款人民币 100 000 000 元，于是王老吉"惨招封杀"。一夜间，无论是在 MSN 还是 QQ 签名上，大家都不约而同地写上了类似："不要让王老吉上架"或"支持王老吉"的口号。

加多宝公司的捐款一来体现了企业回馈社会，扮演承担社会责任感的角色；二来通过精心的策划激活了过去及当下的宣传能量；三来可谓一石激起千层浪，尤其是那篇"封杀王老吉"的文章，发挥了病毒式的传播效应。

我们可以感受到软文营销所制造的病毒式营销力量，当然冰冻三尺，非一日之寒！

这里所谓的病毒式营销是指发起人从发出产品的最初信息到用户，再依靠用户自发的进行宣传。

它描述的是一种信息传递战略，经济学中称之为"病毒式营销"。因为这种战略像病毒一样，利用快速复制的方式将信息传向数以千计、数以万计的受众。也就是说，通过提供有价值的产品或服务，"让大家告诉大家"，通过别人为你宣传，实现"营销杠杆"的作用（本概念摘自百度百科）。

但事实上我们可以把病毒式营销理解为人际营销。

□因为人就是媒体。

□每一个人都是信息源，是接收者、是发送者、是传播者、是制造者，这正如生活中的我们既可以是消费者又可以是销售者还可以是生产者一样。

于是——

□人一说话就能形成口碑营销；

□人动一动就能形成互动营销；

□人住在一起就能构成社区营销；

□人写写日记就构成了博客营销；

□人要写封信函就能构成邮件营销；

□有相同爱好的人在一起就能构成精准营销；

□有相同爱好的人在一起就能构成论坛营销。

上述提到的病毒式营销实际上是人打喷嚏构成的，美国雅虎前营销副总裁赛思·戈丁为此专门写了一本名为《喷嚏营销》的书。

□他把顾客之间具有感染力的对话称之为"概念病毒"，认为营销的最高境界就好比是打喷嚏，让顾客替你做营销。

不！

□营销的最高境界应当是让公众来为你营销，让那些根本就没有用过你的产品，甚至这辈子都不可能成为你顾客的人来为你营销。

□笔者认为：当下对企业而言，满足顾客需求是起点，满足公众要求是转折点。

□且看《湿营销——最具颠覆性的营销革命》一书中的论述：

营销者慢慢会发现他们要面对的群体可能完全和消费者无关，可能既非营销受众又非市场目标。营销者应当在新的时代中重新审视买卖关系，这一时代背景的特征是：消费者的权利越来越大，并且纷纷组成以共同喜好为基础的紧密团结的社会群体。

□以下是摘自《透视社会企业：中国与英国的经验》一书的内容，如表 20-1 所示。

表 20-1　企业的目标和伦理

| 项 目 名 称 | 主 流 企 业 | 公司社会责任 | 社 会 企 业 |
|---|---|---|---|
| 竞争目标 | 以价格和质量取胜 | 以道德取胜 | 以这两者取胜 |
| 客户 | 以现场购买满足客户 | 以道德交易满足客户 | 视客户为公民 |
| 底线 | 单一（利润） | 单一（利润），但具有公司独立的社会责任报告 | 三重或多重（利润、社会、环境） |
| 长期目标 | 企业发展 | 确保企业为当地社区作出贡献 | 以可持续的商业模式实现社会或环境目标 |
| 成功指数 | 为股东带来利润 | 提升公司形象 | 解决预先确认的社会/环境问题，提高股东的价值 |

（续表）

| 项目名称 | 主流企业 | 公司社会责任 | 社会企业 |
|---|---|---|---|
| 环境与社会 | 处于边缘地位 | 整合到企业的某些方面中 | 核心使命 |
| 股东 | 股东 | 股东、当地社区或范围更广的社会 | 股东、员工、当地社会或范围更广的社会 |

简单来说，社会企业就是以公益性社会服务为主要目标的企事业单位。我们会发现现在越来越多的企业提出了"公司的社会责任"，也就是说"主流企业"正在不断进化到上表内容中的"公司社会责任"当中去，我们有理由相信，未来型企业都是"社会企业"，视客户为公民，将利润、社会、环境三重要素进行综合考虑。

你知道吗？

有一个品牌得到了 eBay 公司创始人皮埃尔·奥米迪亚的支持，得到了国际巨星《泰坦尼克号》中杰克的扮演者莱昂纳多·迪卡普里奥的支持、得到了总是一副灿烂容颜的金发女郎——卡梅隆·迪亚兹的支持、得到了影星麦特·戴蒙的支持……Ethos Water 为何能在短短几年内，一跃成为全美近 800 个矿泉水品牌中的强势品牌呢？

事情是这样的。

一次，彼得·图姆在南非出差时亲眼目睹了当地居民因为没有洁净的饮用水，而痛苦地生活着。他心生怜悯之情，但一时间又尚无良策。

后来，在 2002 年乘坐飞机的途中，他将 Ethos Water 的商业计划构想写在了餐巾纸上。以他在酿酒厂和汽水厂的经验，发达国家的消费者是很愿意花钱购买瓶装水的，如果告知大家非洲存在饮水问题，号召广大的消费者一起加入为非洲人民提供洁净的饮用水计划，那会怎么样？

彼得很快致电给老同学格林·布特，经两人商议之后创办了 Ethos Water——精神道义之水，一个以道德立市的品牌，他们的主打口号是 Buy Water, Help Children，即帮助儿童获得纯净水。

但是，据联合国儿童基金会的统计，全球无法得到干净饮用水的人数达 11 亿之多。

于是，彼得·图姆和格林·布特两人不断地寻找合作伙伴，他们与高端时尚零售商弗莱德·希格尔建立了亲密的合作关系。在 2005 年的时候，他们又得到了日流量保持在 4000 万人次的星巴克的 8 000 000 美元的支持。

迄今为止，Ethos Water 公司已经捐赠了 6 200 000 美元，使缺水国家中约 43.9 万人获得了帮助。

当你想购买一瓶水时，Ethos Water 公司会告诉你："我们每售出一瓶水将捐出 5 美分，用来帮助世界上某个缺水的地区。"而每个买过 Ethos Water 的人都会说："喝一瓶水帮一群人。"

这就是 Ethos Water 公司，它一开始就以承担社会责任为己任，以从事公益事业为目标，在短短的几年内，在消费者心目中产生了巨大的影响力。任何竞争对手都将无可奈何地陪着它迅速成长……

以上案例阐述的内容充分说明公众营销在当下及未来的营销过程中会越发显得重要。笔者所定义的公众营销是指：企业以公众利益为核心，承担相应的社会责任，以此推动企业发展的营销手段。

□ 探讨现在的企业

笔者认为：企业过多地关注销售业绩会将顾客"烧焦"，过多地关注顾客也会使得企业慢慢失去竞争力，"一切以顾客为中心"——总是想讨好顾客、满足顾客，总是想通过促销、打折、优惠、让利的形式来获得企业销售业绩的增长，长此以往，利在何方？品牌资产又如何累积？企业的竞争力如何得到培养与提升？

曾有人说："富足的生命，竟然如此简单，放手，你就拥有了全世界。"

我们说："获得高市场占有率的方法是如此简单，放手，你就拥有了全世界。"

实际上我们的营销活动不一定要始终关注我们的市场占有率，全天下所有的老总们可以不再日夜关注他们的销售业绩，也能得到销售业绩的增长。

记得《孟子》开篇中有这样的内容——

孟子拜见梁惠王。王曰："叟！不远千里而来，亦将有以利吾国乎？"

孟子对曰："王！何必曰利？亦将有仁义而已矣。"

此"仁义"在当下的环境中可以演绎为"公益""慈善"，如陈光标先生，在他高调行善之前已经连续 4 年获得了中华慈善奖。

1. 在四维环境中，关注顾客的同时也需要关照公众。

这正如我们的观点——通过软文达到不销而销的目的。

问题的关键是如何达到不销而销呢？我想答案有很多，其中一个就是要扮演好企业应当承担社会责任的角色，展现良好的企业形象，积累品牌资产。

2. 该怎么做

通过软文营销，做好软传播，建设软实力，形成软力量。

截至 2013 年：

网民数为 6.18 亿人；

手机网民数为 5 亿人；

网站数为 294 万个；

全国范围内公开发行的报纸一千九百四十多种；

各种类型的消费者杂志及行业期刊近万种……

传播媒体如此丰富，草根的权利也在不断扩大，人人都有自由表达的愿望，而在软文营销领域的操作甚至是炒作，如果不讲究"公共责任"，唯利是图，如有人借机日本地震核泄漏事件炒作"盐"，搞得沸沸扬扬，弄得人心惶惶，上则影响社会治安，下则滋扰公民生活，我们会发现最吃亏的还是民众。

这已经不再是一个"人微言轻"的年代了，我们的一言一行就像蝴蝶的翅膀一般，极有可能引发"蝴蝶效应"。

在上述讨论的过程中，我们已能清醒地认识到：凡是有利于公众的、有利于社会的，势必会得到更快更好、可持续的发展。

软文营销必须承担起相应的公共责任，要想净化网络环境，必然要从净化我们的心灵开始。

# 可以免费投放软文的95个站点

| 序　号 | 网 站 名 称 | 网　　址 |
|---|---|---|
| 1 | http://bbs.sina.com.cn | 新浪网论坛 |
| 2 | http://club.sohu.com | 搜狐社区 |
| 3 | http://bbs.163.com | 网易北京社区 |
| 4 | http://club.tom.com | TOM 海云天论坛 |
| 5 | http://bbs.china.com | 中华网论坛 |
| 6 | http://forum.21cn.com | 21CN.COM 论坛 |
| 7 | http://club.online.sh.cn | 上海热线社区 |
| 8 | http://www.liuyangshi.cn | 浏阳之窗 |
| 9 | http://www.55bbs.com | 我爱打折网 |
| 10 | http://tieba.baidu.com | 百度贴吧 |
| 11 | http://www.tianya.cn | 天涯社区 |
| 12 | http://www.mop.com | 猫扑 |
| 13 | http://www.xilu.com | 西陆专业 |
| 14 | http://pop.pcpop.com | 泡泡俱乐部 |
| 15 | http://bbs.people.com.cn/bbs/start | 人民网强国社区 |
| 16 | http://forum.xinhuanet.com | 新华网论坛 |
| 17 | http://bbs.che168.com | 车 168 论坛 |
| 18 | http://bbs.ifeng.com | 凤凰网 |
| 19 | http://www.daqi.com | 大旗网 |
| 20 | http://bbs.voc.com.cn | 华声论坛 |
| 21 | http://www.xici.net | 西祠胡同 |
| 22 | http://bbs.qq.com | 腾讯论坛 |
| 23 | http://bbs.rednet.cn/Boards.asp | 红网论坛 |
| 24 | http://club.cat898.com | 凯迪社区 |

（续表）

| 序　号 | 网 站 名 称 | 网　　址 |
|---|---|---|
| 25 | http://www.19lou.com | 19 楼 |
| 26 | http://club.qingdaonews.com | 青青岛社区 |
| 27 | http://bbs.xmfish.com | 厦门小鱼 |
| 28 | http://club.newssc.org | 四川麻辣社区 |
| 29 | http://www.kdslife.com/kds | 宽带山 |
| 30 | http://bbs.hangzhou.com.cn | 杭州网论坛 |
| 31 | http://club.dayoo.com | 广州大洋网 |
| 32 | http://bbs.qianlong.com | 京华论坛 |
| 33 | http://bbs.dahe.cn/bbs | 河南大河网 |
| 34 | http://hongdou.gxnews.com.cn | 广西红豆社区 |
| 35 | http://bbs.hefei.cc | 合肥论坛 |
| 36 | http://forum.xaonline.com | 西安古城热线 |
| 37 | http://www.ytbbs.com | 烟台论坛 |
| 38 | http://bbs.66163.com | 福建论坛 |
| 39 | http://bbs.dzwww.com | 山东大众社区 |
| 40 | http://www.xitek.com | 色影无忌 |
| 41 | http://www.fengniao.com | 蜂鸟网 |
| 42 | http://bbs.cnxp.com | 影视帝国 |
| 43 | http://www.abbs.com.cn/bbs/index.html | abbs 论坛 |
| 44 | http://bbs.tiexue.net | 铁血论坛 |
| 45 | http://bbs.rayli.com.cn | 瑞丽女性网 |
| 46 | http://bbs.hongxiu.com | 红袖论坛 |
| 47 | http://bbs.8264.com | 驴友论坛 |
| 48 | http://bbs.39.net | 39 健康社区 |
| 49 | http://bbs.soufun.com | 搜房业主论坛 |
| 50 | http://club.china.alibaba.com | 阿里巴巴商人论坛 |
| 51 | http://bbs.eastmoney.com | 东方财富网 |
| 52 | http://www.eeff.net | 穿针引线服装论坛 |
| 53 | http://www.6to23.com | 中国学生网 |
| 54 | http://bbs.kaoyan.com | 考研网 |
| 55 | http://bbs.liba.com | 篱笆网 |

（续表）

| 序　号 | 网 站 名 称 | 网　　址 |
|---|---|---|
| 56 | http://sh.talk.iyaya.com | 丫丫亲子社区 |
| 57 | http://bbs.yaolan.com | 摇篮网育儿社区 |
| 58 | http://bbs.trends.com.cn | 时尚网 |
| 59 | http://bbs.dospy.com | 塞班手机论坛 |
| 60 | http://community.csdn.net | CSDN 论坛 |
| 61 | http://www.sentfun.com | 睡房美女论坛 |
| 62 | http://bbs.haha168.com | 八目妖爆笑社区 |
| 63 | http://www.im286.com/bbs.php | 落伍者 |
| 64 | http://bbs.mumayi.net | 木蚂蚁社区 |
| 65 | http://www.donews.com | donews 社区 |
| 66 | http://bbs.zol.com.cn | ZOL 论坛 |
| 67 | http://bbs.shudoo.com | 电脑报论坛 |
| 68 | http://bbs.admin5.com/admin | A5 站长网 |
| 69 | http://www.chinaz.com | 中国站长站 |
| 70 | http://www.blueidea.com | 蓝色理想 |
| 71 | http://bbs.guoxue.com | 国学论坛 |
| 72 | http://www.flash8.net | 闪吧 |
| 73 | http://www.xkzzz.com/member | 侠客站长站 |
| 74 | http://www.iresearch.cn | 艾瑞网 |
| 75 | http://www.taobao.com | 淘宝网论坛 |
| 76 | http://bbs.yizlife.com | 亦庄生活网论坛 |
| 77 | http://www.hlgnet.com | 回龙观社区网 |
| 78 | http://www.oldbeijing.net | 老北京网 |
| 79 | http://bbs.meishichina.com | 天下美食论坛 |
| 80 | http://bbs.wangjing.cn | 望京论坛 |
| 81 | http://www.clubzone.cn | 北京夜时尚论坛 |
| 82 | http://bbs.wayup.hexun.com | 和讯论坛 |
| 83 | http://i.jrj.com.cn | 金融界社区 |
| 84 | http://bbs.w1.cn | 唯伊社区 |
| 85 | http://bbs.iqilu.com | 齐鲁社区 |
| 86 | http://sifanghua.com | 女人私房话 |

（续表）

| 序　号 | 网站名称 | 网　址 |
|---|---|---|
| 87 | http://shequ.qihoo.com | 奇虎社区 |
| 88 | http://www.banma.com | 斑马网 |
| 89 | http://bbs.it168.com | It168 论坛 |
| 90 | http://bbs.tradeknow.com | 贸茂网 |
| 91 | http://bbs.hc360.com | 慧聪论坛 |
| 92 | http://bbs.dhgate.com/?cur=8 | 敦煌外贸论坛 |
| 93 | http://club.autohome.com.cn | 汽车之家论坛 |
| 94 | http://www.aibang.com | 爱帮社区 |
| 95 | http://www.douban.com | 豆瓣社区 |

# 百度新闻源站点

新闻源有变动性，以下内容仅供参考。

## 综 合 门 户

| 北青网 | 凤凰网-广州/天津 | 光明网-经济 | 千龙网-生活/新闻 |
|---|---|---|---|
| 人民网-福建/重庆/天津视窗 | 腾讯-大渝 | 香港文汇网 | 新华网-科技/延展阅读/重庆/广东 |
| 中国广播网-财经资讯/快讯 | 中国经济网-四川/山西 | 中国日报-证券 | 中国网-建设/滨海高新 |
| 中国新闻网-吉林/江西 | 中华网-新闻 | | |

## 家 居 房 产

| 慧聪网-建材 | 九正建材网 | 搜房网-家居/重庆 | 搜狐-家居 |
|---|---|---|---|
| 太平洋-家居 | 网易-家居 | 筑能网 | |

## IT 科 技

| A5站长网 | Chinaz站长之家 | It168 | MSN-科技 |
|---|---|---|---|
| TechWeb | 艾瑞网 | 北方网-IT | 比特网 |
| 鞭牛士 | 电脑之家 | 东北网-IT | 国际在线 |
| 和讯网-科技 | 环球网-科技 | 慧聪网-IT | 科技讯 |
| 泡泡网 | 驱动中国 | 赛迪网 | 手机之家 |
| 太平洋电脑-资讯 | 网易-数码 | 中国广播网-互联网/科技 | 中国软件网 |

## 健 康

| 慧聪网-制药 | 新华网-健康 | 新浪-中医 | 中国广播网-健康 |
|---|---|---|---|
| 中国日报-食品新闻 | 中国医药网 | 中华网-食品 | |

## 旅 游

| 乐途旅游网 | 网易-旅游 | 新华网-旅游 | 云贵旅游地理网 |
|---|---|---|---|

（续表）

| 汽 车 | | | |
|---|---|---|---|
| 爱卡汽车网 | 车天下 | 汽车点评 | 汽车之家 |
| 搜狐-汽车 | 新华网-汽车 | 易车网 | 中国汽车网 |
| 女 性 | | | |
| 大众网-女性 | 新浪-女性 | | |
| 教 育 | | | |
| 北青网-教育 | 搜狐-教育 | 腾讯-教育 | 浙江都市网-教育 |
| 财 经 | | | |
| 北京广播网-财经 | 大众网-财经 | 凤凰网-财经 | 金羊网-财经 |
| 四川新闻网-财经 | 网易-财经 | 浙江都市网-财经 | 中国经营网 |
| 娱 乐 | | | |
| 腾讯-娱乐 | 新华网-腾讯 | 雅虎-娱乐 | 中国广播网-体育/娱乐 |
| 游 戏 | | | |
| 131 游戏网 | 178 游戏网 | 多玩游戏网 | 硅谷动力-游戏 |
| 中华网-游戏 | 网易-游戏 | 游久网 | 人民网-游戏 |
| 商 业 | | | |
| 第三媒体 | 雅昌艺术网 | 中国企业新闻网 | 中国商业期刊网 |

# 参 考 文 献

[1] 易圣华. 新闻公关策划实战[M]. 北京：机械工业出版社，2009.

[2] 杰伊·康拉德·莱文森. 游击营销[M]. 应斌，王佳芥，韩啸，译. 上海：格致出版社，2010.

[3] 瑞蒂希. 胜于言传[M]. 王冬妮，译. 北京：机械工业出版社，2009.

[4] 乐剑峰. 广告文案[M]. 上海：上海人民美术出版社，2009.

[5] 艾莉西亚·佩里，大卫·威斯诺姆III. 品牌创立的第一本书[M]. 段晓雁，等，译. 北京：中国财政经济出版社，2005.

[6] 奇普·希思，丹·希思. 瞬变[M]. 焦建，译. 北京：中信出版社，2010.

[7] 童佟，蔡京通，奉姝. 网络整合营销的道与术[M]. 北京：中信出版社，2010.

[8] 石章强，周樊峰. 软传播[M]. 北京：中国经济出版社，2009.

[9] 李光斗. 故事营销[M]. 北京：机械工业出版社，2009.

[10] 劳伦斯·维森特. 传奇品牌[M]. 钱勇，张超群，译. 杭州：浙江人民出版社，2004.

[11] 孙际铁. 新闻营销实战[M]. 珠海：珠海出版社，2006.

[12] 布莱恩·艾森伯格，杰弗瑞·艾森伯格，丽莎·戴维斯. 行动的召唤：有效提升网络营销力[M]. 李晶，译. 北京：中信出版社，2009.